Glotz · Die Beweglichkeit des Tankers

Peter Glotz

Die BEWEGLICHKEIT des Tankers

Die Sozialdemokratie zwischen Staat und neuen sozialen Bewegungen

C. Bertelsmann Verlag

Gesamtherstellung: Mühlberger Augsburg
ISBN 3-570-03561-1 · Printed in Germany

schen entstanden. Ausdrucksformen dieser Konflikte sind die Kämpfe um Kernkraftwerke, besetzte Häuser oder Startbahnen. Ich halte es für wahrscheinlich, daß in den achtziger Jahren die alten Konflikte wieder stärker nach vorn rücken; aber glaubt wirklich irgend jemand, daß die neuen deswegen verschwinden? Die Frage ist, wie man die Sozialdemokratie davor bewahren kann, in eine falsche Alternative gehetzt zu werden – wie sie also zu befähigen ist, sowohl die alten als auch die neuen Konflikte einigermaßen zu bestehen?

Denn diese Partei steckt natürlich in einem tiefgehenden Wandlungsprozeß. Und das liegt nicht an einer sozusagen zufälligen Unterwanderung durch die Kinder des Bürgertums, der die Führung nur nicht energisch genug entgegengetreten wäre, sondern an der raschen Veränderung der Arbeit. Wie sollten sich, bei Veränderung der Arbeit, die Arbeiterparteien nicht auch verändern?

Man muß versuchen, Übertreibungen zu vermeiden. Hannah Arendts These vom »Ende der Arbeitsgesellschaft«, ihre Vision von der »Arbeitsgesellschaft, der die Arbeit ausgegangen ist« greift weit in eine heute noch nicht erkennbare Zukunft vor. Aber die Industriearbeiterschaft schrumpft, die Dienstleistungsklassen wachsen. Vielen Büroberufen fehlt es an Bindungswirkung und prägender Kraft. Wie wirken sich diese Veränderungen auf die alten Arbeiterparteien aus? Wie muß die neue Sozialdemokratie aussehen, die aus solchen Veränderungsprozessen entsteht? Wie kann man verhindern, daß die Sozialdemokratie von einer im Ernstfall disziplinierten und

mobilisierungsfähigen »Partei« zu einer bald himmelhochjauchzenden, bald zu Tode betrübten »Bewegung« wird?

Es sollte keiner glauben, hier würde philosophiert. Was ich vorlege, sind die Arbeitsnotizen eines Funktionärs.

2.

Ich registriere eine »Segmentierung« der Gesellschaft der Bundesrepublik. Das allmähliche Verschwinden von Not und Elend, der Verfall der Massenreligiosität im 19. und der ersten Hälfte des 20. Jahrhunderts und die Korrumpierung der politischen Ersatzreligionen durch Stalin und Hitler bewirkten zuerst unmerklich, jetzt unübersehbar ein Auseinanderfallen der Wertorientierungen von großen Bevölkerungsgruppen. Viele Politiker appellieren täglich an den gesunden Menschenverstand einer Mehrheit, die längst eine von mehreren Minderheiten ist. Das gilt für eine ganze Reihe von westeuropäischen Industriegesellschaften.

Wie kommen wir über hilflosen Agnostizismus der Macht hinaus? Wie vermeiden wir, daß sich bei Millionen von Menschen der Verdacht festsetzt, daß sich die »classe politique« nur um Pfründe schlägt?

Eine Gesellschaft ohne unverwechselbare Lebensgeschichte, mit verleugneter, unverarbeiteter Vergangenheit und ohne symbolfähige Absichten, versackt in endlosen, erbitterten Konflikten, die irgendwelche Machtgruppen auf dem Rücken des Volkes austra-

gen. Deswegen die heimliche Bewunderung, die Linke wie Rechte heute für de Gaulle empfinden. Seine Idee war zwar hoffnungslos unzeitgemäß, aber er hatte eine. Mitterand weiß, warum er an de Gaulle anknüpft.

Es mag ein Generationsproblem sein; aber am Anfang der achtziger Jahre des 20. Jahrhunderts halte ich die Neuerfindung der Nation als »kollektive Identität« für einen fast monströsen Irrweg. Ich bin in Böhmen geboren, in Bayern festgewachsen und habe an vielen Orten gelebt; mir stehen Otto Bauer und G. B. Shaw näher als Kurt Schumacher, ich kann mit Jaroslav Hašek und seinem Schwejk mehr anfangen als mit Fontane und Archibald Douglas. Sollen wir jetzt, nur weil es auch in linken Zirkeln Mode wird, wieder mit großdeutsch/kleindeutsch anfangen?

Ich wende mich auch gegen das dürftige Konzept eines von Antikommunismus zusammengehaltenen »Westens«. Wir sollten die enge Verknüpfung der amerikanischen und europäischen Geistesgeschichte über die große Gründergeneration der Hamiltons und Jeffersons nie verdrängen; Antiamerikanismus ist nicht besser als Antisemitismus. Realpolitisch bin ich für ein selbstbewußtes Bündnis meines Landes mit den Amerikanern. Aber ich bin gegen die Verleugnung der Erfahrungen, die der kleine, dicht besiedelte, »alte« Kontinent Europa mit sich selbst gemacht hat. Ich bin gegen die Verdrängung der historischen Leistungen der europäischen Arbeiterbewegung, wie sie sich zum Beispiel im Sozialstaat der Bundesrepublik zeigen. Ich bin gegen einen fragwürdig erneuerten Nietzsche, gegen die modischen

»Rückbesinnungswellen«, gegen die kampflose Preisgabe der Ideen der europäischen Aufklärung. Deshalb die vorsichtige, unfertige Skizze einer »europäischen Identität«, die sich – in einer prinzipiell neuartigen Situation, in der die Menschen erstmals die Welt zerstören können – gegen Neokonservativismus und neuen Fundamentalismus behaupten muß. Können die Organisationen der alten Arbeiterbewegung ihren angestammten Ökonomismus überwinden und noch einmal gemeinsame Perspektiven entwickeln, die es dem einzelnen ermöglichen, sich in Engagements mit anderen aus der Begrenzung des isolierten Ich zu lösen?

Mit anderen Worten: Hat der demokratische Sozialismus noch eine Chance?

3.

In meinem Beruf entwickelt man Verständnis für eilige Leser. Deshalb eine knappe Gebrauchsanweisung.

Der beste Einstieg in das Buch ist das Streitgespräch mit Tilman Fichter über die sich wandelnde Sozialdemokratie, das wir für eine kleine Zeitschrift einer Gruppe von undogmatischen Linken geführt haben, die noch vor einem halben Jahrzehnt ganz genau wußten, wo es lang geht. Fichter kommt aus dem Berliner SDS; ich habe ihn im Herbst 1977 kennengelernt, als er in der inzwischen eingestellten Zeitschrift »Langer Marsch« die Sozialdemokratie attakkierte und gleichzeitig gegen die leichtfertige Liaison mancher Linker mit dem Terrorismus anschrieb.

»Subjekt und Sozialstaat« und »Antagonistische Kooperation« sind Auseinandersetzungen mit der Apparatur »Staat«. Der erste Aufsatz enthält eine Auseinandersetzung mit dem Haß der Alternativen auf die »SPD-Kultur« und eine Kritik an bestimmten Formen des Sozialetatismus der SPD. Der andere ist eine Polemik gegen die bequeme »Unregierbarkeitsthese« der schlauen Konservativen; sozusagen eine Hommage an Rudolf Hilferding und Hermann Heller, über die wir in der Staatstheorie noch nicht hinausgekommen sind.

Von »Identität« (beispielsweise der SPD) ist neuerdings fast täglich die Rede. Ich finde den Begriff in der Auseinandersetzung mit der »hilflosen Zeitgenossenschaft« nützlich, dem »planlos ergebenen, eigentlich menschenunwürdigen Mitmachen der Jahrhunderte« (Musil). Die Arbeit »Über politische Identität« ist eine Art Vorübung für den Titelaufsatz, der der Debatte der letzten drei Jahre über die Zukunft der alten Arbeiterparteien nachgeht.

»Mit immer kürzer werdenden Beinen«, sagt der unübertrefflich treffend formulierende Hans M. Enzensberger »watschelt die Macht in die Zukunft.« Dem kann man nur entgegenwirken, wenn man Vorschläge macht.

Peter Glotz

Bonn, 7. Februar 1982

Die
Beweglichkeit
des
Tankers

Veränderungen der Arbeit und
der Arbeiterparteien

1.

Mühsam setzt sich in der deutschen Sozialdemokratie das Argument fest, daß komplizierte Probleme nur durch komplizierte Kompromisse entschärft werden können und daß komplizierte Kompromisse nur in langwierigen Debatten zustandezubringen sind. Sogar die zum Vorwurf umgewendete Version dieses Gedankens, daß nämlich Parteien, die diskussionslos über die Bedenken von Millionen von Menschen hinwegentscheiden, ihre Funktion verfehlen, findet da und dort schon zögernden Beifall. Aber im Grunde empfinden viele Sozialdemokraten diese Argumentation immer noch als offensichtlich unvermeidliche Notlüge. Ein herzhafter Appell, endlich zur alten sozialdemokratischen Solidarität zurückzufinden, findet immer noch befreienden Beifall. Kann man die ermüdende Dauerdiskussion nicht doch dadurch loswerden, daß man ein paar problematische Naturen, ein paar Protagonisten der neuen Mittelschichten hinauskomplimentiert? Würde nicht alles leichter, wenn die Partei den Mut und die Kraft hätte, die Disziplin der alten Arbeiterpartei wieder durchzusetzen und zur Not auch das soziale Spektrum der Mitgliedschaft so zu begrenzen, daß Werte und Ziele der eigenen Politik nicht mehr umstritten sind und nur noch der entscheidbare Streit um den richtigen Weg entstünde?

Intellektuell ist dieser Streit entschieden; emotional schwelt er weiter. Die Beschränkung der Sozialdemokratie auf das »klassische« soziale Bündnis zwischen Facharbeitern und technischer Intelligenz kann allenfalls 35 Prozent der jeweiligen Wählerschaft bringen. Immer noch sind viel zu viel pendelnde Arbeiter in einem konservativ-ländlischen Milieu eingeschlossen, als daß sie für die SPD zu gewinnen wären. Immer noch mißtrauen große Teile der kleinbürgerlichen Zwischenschichten »dem Sozialismus«.

Das Berliner Wahlergebnis vom 11. Mai 1981 zeigt deutlich: Wo ein wichtiger Teil der neuen Mittelschichten aus dem Potential der sozialliberalen Koalition herausfällt, da verliert diese ihre Regierungsfähigkeit. Wenn sechs oder sieben Prozent in grüne Lager abwandern, sind sie durch Gewinn aus dem konservativen Potential nicht zu kompensieren: Soviel ist da in einer Wahl nicht wegzuholen. Diese derzeit unwiderlegliche Vermutung bewahrt die Sozialdemokratie noch vor ruckhaften innerparteilichen Kontroversen und macht die vielen aus den tiefsten Tiefen des gesunden Menschenverstandes kommenden Mahnrufe der *Frankfurter Allgemeinen* an die »vernünftigen Sozialdemokraten« ebenso wirkungslos wie die immerwährenden Parteigründungsversuche (genauer: Parteigründungsversuchs-Gerüchte) aus irgendwelchen sozialistischen Büros.

Aber diese klapperdürre Arithmetik ist nur der Vordergrund; dahinter tut sich etwas, was – wenn es nicht rechtzeitig begriffen wird – zu einer Schrumpfung der sozialdemokratischen Parteien in den entwickelten kapitalistischen Gesellschaften führen

wird, und zwar zu einem Zurückschrumpfen auf die Größenordnung respektabler, aber machtunfähiger Kritik- und Warnverbände. Immer deutlicher zeigt sich nämlich unter den Bedingungen der »nachindustriellen Gesellschaft« eine sinkende Bindungswirkung der Arbeit, ja zuweilen sogar der ökonomischen Motive, eine dadurch verursachte Erschwerung der Bildung von sozialen Koalitionen für Reformpolitik und demgemäß die Gefahr des Auseinanderbröselns dieser Parteien.[1]

Für Marx war das Proletariat der Träger menschlicher Emanzipation. »Diese Version« – sagt der konservative amerikanische Soziologe Daniel Bell zynisch – »hat nur den einen Haken, daß sie den Industriearbeiter als Werkzeug der Zukunft, oder genauer den Fabrikarbeiter als Symbol des Proletariats nimmt. Verfolgt man jedoch den Verlauf der Industrialisierung – die zunehmende Ablösung des Menschen durch die Maschine –, so gelangt man zu diesem paradoxen, aber logisch zwingenden Schluß, daß der Industriearbeiter schließlich seinerseits überflüssig wird. Es ist durchaus denkbar, daß der Anteil der Fabrikarbeiter am gesamten Arbeitspotential bis zum Ende unseres Jahrhunderts auf denselben Prozentsatz absinkt, den heute die Bauern stellen, und ihr Arbeitsfeld dergestalt zusammenschrumpft, daß der Begriff Arbeiter seine soziologische Bedeutung verliert und neue, der Verteilung der Arbeitskräfte gemäßere Kategorien aufgestellt werden müssen. Schon heute beginnt ja die Klasse der Akademiker und Techniker die der Fabrikarbeiter so sichtbar zu überrunden, daß sie 1980 die zweitstärkste Berufsgruppe

in der Gesellschaft und gegen Ende des Jahrhunderts die Stärkste überhaupt bilden dürfte – die Revolution im doppelten Sinn, denn sie verändert nicht nur die Beschäftigungsstruktur, sondern (insoweit der Beruf, wenn auch in schwindendem Maß, die übrigen Verhaltensweisen prägt) auch die gesamte Klassenstruktur der Gesellschaft.«[2)]

Bell übertreibt, fasziniert durch seine These von der Veränderung der industriellen Gesellschaft zu einer nachindustriellen. Auch müssen wir in Europa dem amerikanischen Weg nicht sklavisch folgen. Wir können – und sollten – durch den weiteren Ausbau unseres Systems der Berufsbildung und durch eine schützende und absichernde Sozialgesetzgebung eine handlungsfähige, nicht erpreßbare, selbstbewußte Facharbeiterschaft erhalten. Nur stehen wir unerbittlich unter dem Druck der internationalen Wettbewerbsfähigkeit; und Mikroelektronik und integrierte Optik werden auch unsere Wirtschaft rasch verändern. Der aktive, wissenshungrige, disziplinierte, aufstiegswillige und realistische Facharbeiter der Schlüsselindustrien muß eine der Leitfiguren der Linksparteien bleiben; aber er ist nicht *der* Prototyp der sich verändernden europäischen Industriegesellschaften.

Technischer Fortschritt und gesellschaftliche Dynamik, daran kann kein Zweifel sein, verkleinern in den hochindustrialisierten westeuropäischen Ländern Schritt für Schritt die soziale Basis der sozialdemokratischen (und übrigens auch der kommunistischen) Parteien. Dies kann natürlich nicht bedeuten, daß es irgendeine Rechtfertigung dafür gäbe, wenn die Sozialdemokratie von heute die Interessen der indu-

striellen Arbeitnehmerschaft vernachlässigte. Sie würde sich dabei ihre stärkste und zuverlässigste Anhängerschaft verprellen und ihren geschichtlichen Auftrag verraten. Gerade das Gegenteil ist notwendig: Das leichtfertige Aufgeben der politischen Kultur der Arbeiterschaft durch eine im Bürgertum Zustimmung suchende Sozialdemokratie muß vorsichtig korrigiert, die Repräsentation der Facharbeiter unter den Funktionären und Abgeordneten der Sozialdemokratie muß verstärkt werden. Es ist aber wichtiger, die Interessen der Industriearbeiterschaft konsequent zu vertreten als die zukünftige Rolle der Industriearbeiterschaft zur Gewissensberuhigung mythisch zu überhöhen.

Linksparteien, die auch in Zukunft – vielleicht in Koalition mit anderen, bisher »bürgerlichen« Gruppierungen – regierungsfähig sein wollen, müssen einkalkulieren, daß die Rolle der Industriearbeiterschaft sinken wird. Man muß das sagen dürfen, ohne in den Verdacht zu geraten, daß man die Interessen der Arbeiterschaft gering schätzt. Es ergibt sich aus den Fakten.

Das erste, zur Zeit auch sichtbarste Problem der sozialdemokratischen Parteien ist also der gar nicht zu umgehende Konflikt zwischen den Interessen, den Themen und dem (jeweiligen) Bewußtsein der Arbeiterklasse und dem, was Bell mißverständlich die »Wissensklasse« nennt. Es ist übertrieben, wenn Daniel Bell den Kopfarbeiter sozusagen als neuen Archetypus der nachindustriellen Gesellschaft ausruft und ihn an die Stelle des Fabrikarbeiters setzt. Unbestreitbar aber ist, daß die technisch-ökonomische

Entwicklung dabei ist, die Gesellschaft so nachhaltig zu verwandeln, daß sozialistische Rhetorik linker und rechter Provenienz dagegen nichts mehr ausrichten kann.

Aber die Darstellung dieses Nebeneinanders zweier »Klassen« – deren Größenordnung innerhalb der sozialdemokratischen Anhängerschaft man keineswegs verdrängen sollte: Immer noch zwei Drittel »klassische« Arbeitnehmerschaft, ein Drittel neue Schichten – bietet im übrigen noch kein wirklich realistisches Bild der zukünftigen Entwicklung. Wenn man das schwierigste soziale Problem der nachindustriellen Gesellschaften genauer analysiert, nämlich die Arbeitslosigkeit, dann entdeckt man eine Tendenz, die den Sozialisten (und Materialisten) noch viel mehr beunruhigen muß als die Veränderung der *Art der Tätigkeit.* Man entdeckt nämlich, daß die Chance, durch Arbeit Identität zu finden, in den modernen Gesellschaften geringer wird. Damit wird auch das Gefühl, einer Klasse anzugehören, schwächer und schwächer. Dem Sozialismus gerät sein Subjekt abhanden.

André Gorz, der diese Entwicklung analysiert hat, spricht von der Entstehung eines Neoproletariats. Seine Terminologie ist unpräzise und dogmatisch; aber es kann kein Zweifel darüber bestehen, daß er über handgreifliche Wirklichkeit redet, wenn er sagt: »Im Unterschied zum Marxschen Proletarier wird der Neoproletarier nicht mehr durch ›seine‹ Arbeit definiert und kann auch nicht durch seine Position im gesellschaftlichen Produktionsprozeß definiert werden. Die Frage, wo die Klasse der produktiven Arbei-

ter beginnt und aufhört, in welche Kategorie Heilgymnastiker, Reisebüro-Angestellte, Ferienlager-Animateure, Programmierer-Analytiker, Labor-Angestellte für biologische Analysen, Fernmelde-Techniker einzuordnen sind, verliert jede Bedeutung und jedes Interesse in dem Augenblick, da eine zunehmende, virtuell mehrheitliche Anzahl von Leuten ihre ›Arbeit‹ rasch wechselt, nur zeitweilig ausgeübte Berufe erlernt, ein Studium ohne Berufsaussichten und ohne praktischen Nutzen absolviert, ein begonnenes Studium abbricht oder beim Abitur durchfällt, ›weil das Reifezeugnis ohnehin sinnlos ist‹, als Aushilfe im Sommer bei der Post unterschlüpft, im Herbst bei der Weinlese, als Verkäufer im Dezember, als ungelernter Arbeiter im Frühjahr die nötigen Groschen verdient usw.«[3)] Den politischen Praktikern in unserem Land erscheint das noch als das Spintisieren eines Intellektuellen. Dabei steht es täglich unter »Vermischtes« in ihrer Zeitung. Die *Süddeutsche Zeitung* als Beispiel: Dort berichtete der Direktor der kinderchirurgischen Klinik in München: »Die Oberin der Klinik habe unter den letzten Kündigungen (von Klinikschwestern) folgende Gründe notiert: Eine Schwester möchte in der Zukunft im Sommer auf einer Alm arbeiten; eine Schwester möchte im Frühjahr, Sommer und Herbst auf einem Bauernhof arbeiten; drei Schwestern wollen für ein halbes Jahr nichts tun; zwei Schwestern möchten eine mehrere Monate lange Frankreich-Reise durchführen.«[4)]

Dies ist das Zitat aus einer Klageschrift; der Professor kritisiert das, was er für eine verfallende Moral hält. Und er ist in seinem Arbeitsfeld – der Klinik –

noch in einer guten Position; zwar könnte man ihm sagen, daß er darüber nachdenken muß, wie er Schwestern durch eine Anreicherung ihrer Aufgaben stärker an ihren Arbeitsplatz binden kann – aber immerhin hat die Schwester mit kranken Menschen zu tun, denen unbedingt geholfen werden muß. Nur wird die Klage über die verfallende Arbeitsmoral die Wirklichkeit nicht ändern; und zwar einfach deshalb, weil diese neuen Haltungen zur Arbeit nicht ein Überbauprodukt sind, nicht die Folge der zersetzenden Propaganda von Gewerkschaften oder linken Ideologen, sondern die Reaktion der Menschen auf die industrielle Organisation der Arbeit (auch in der Großklinik) oder neue *Formen* der Arbeit. Der Versuch, die Konsequenzen der ökonomischen Entwicklung sozusagen dem kulturellen System anzulasten, muß scheitern.

Ich zweifle daran, daß der hier gekennzeichnete neue Archetyp – der »Neoproletarier« – für die moderne Gesellschaft so prägend sein wird, wie Gorz das vermutet. Aber unbestreitbar ist, daß dieser Typus in der Gesellschaft – und für die sozialdemokratischen Parteien – eine erhebliche Rolle spielen wird. Die Tendenz zu einer »Marginalisierung« der gesellschaftlich notwendigen Arbeit läßt sich nicht bestreiten. An dieser Tendenz kommen wir nicht vorbei: »Die zur Reproduktion einer lebensfähigen, über das Lebensnotwendige und Nützliche verfügenden Gesellschaft erforderliche Arbeitsmenge nimmt rasch ab.«[5)] Wenn die Sozialdemokratie das nicht zur Kenntnis nähme, geriete sie zu Recht in den Windschatten der Geschichte. Dies bedeutet, daß wir »Ar-

beit« neu definieren und bewerten müssen. Im begrenzten Ausmaß ist eine Humanisierung der Arbeit möglich; aber ein großer Teil der gesellschaftlich notwendigen Arbeit wird entfremdet, mühselig, für den einzelnen unbefriedigend bleiben. Gleichzeitig läuft ein unaufhaltsamer Rationalisierungsprozeß, der – wenn er nicht durch Arbeitszeitverkürzung aufgefangen wird – Millionen Arbeitslose produzieren würde. »Arbeit« ist deshalb in den hochentwickelten Industriegesellschaften das wichtigste innenpolitische Problemfeld der achtziger Jahre.

In dieser Situation wird man zum Beispiel die sich rasch verbreitende Tendenz zur »Tarn-Arbeit«[6)], zur »Unterwasser-Wirtschaft«, zur »Schwarzarbeit« nicht mehr nur unter dem Aspekt der Steuerhinterziehung betrachten dürfen. Der Mann, der seinem Nachbarn hilft, das Eigenheim selber hinzustellen (und sich dafür natürlich auf unterschiedlichste Weise entlohnen läßt), will vielleicht *auch* ein unbestreitbar nützliches, »ganzes«, Zufriedenheit schaffendes Arbeitsergebnis sehen. Man wird ihn durch bloße Verbote nicht davon abbringen, seine wachsende Freizeit aktiv zu verbringen. Wird er sich kreativ als Modellbauer, Schachproblem-Komponist oder Gärtner betätigen? Die Arbeiterbewegung hat – zum Beispiel durch die Schrebergartenbewegung des 19. Jahrhunderts – einmal solche Ziele jenseits entfremdeter Arbeit gesetzt. Oder wird er seine Arbeitskraft einfach in der Freizeit noch einmal verkaufen, um kaufkräftiger zu werden? Auch darüber dürfte sich keiner lustig machen: Das eigene Haus, der eigene Wagen sind materialisierte Freiheitsträume; aber wenn wir bösar-

tige Verteilungskämpfe zwischen Arbeitsbesitzern und Arbeitslosen vermeiden wollen, muß unsere Gesellschaft ein neues Verständnis von »Arbeit« entwickeln und das Streben der Menschen nach »selbstrhythmisierter«, »autonomer« Arbeit akzeptieren, statt ihnen »Proletarisierung« vorzuwerfen, wenn sie sich gegen entfremdete Arbeit (auch subversiv) zur Wehr setzen. Wenn man bedenkt, daß uns gar nichts anderes übrig bleiben wird, als die zur Verfügung stehende Arbeit auf mehr Köpfe zu verteilen, gewinnt der Bereich »autonomer Arbeit« eine ganz neue Bedeutung; das ist dann nicht mehr nur alternative Spielerei an den Rändern Berlins, nicht mehr bloß »Hobby« – und damit unernst, eben Spielerei, etwas, was der Fleißige nicht kennt oder jedenfalls verleugnet –, und es ist auch nicht mehr bloß »Privatsache«; es gewinnt Bedeutung für alle, wird also »öffentlich«. Hier berühren sich auch die experimentellen Arbeits- und Lebensformen der sogenannten Alternativbewegung mit den (nur nicht »alternativ« genannten) alternativen Lebensenergien und Arbeitsentwürfen, die im verspotteten deutschen Vereinswesen versteckt sind. Die Menschen brechen immer häufiger aus ihren »Schrumpffamilien«, ihren »Zweierzellen« (Botho Strauß) aus und suchen sich neue Gesellungsformen und neue Aktivitäten. Für die Politik, insbesondere für die alten Arbeiterparteien hat diese Veränderung der Arbeit und des Arbeitsbegriffs tiefgreifende Folgen.

Das ungeheuer schwierige Problem der sich wandelnden sozialdemokratischen Parteien liegt nun darin, daß sie in ihrer Zusammensetzung zu Konglome-

raten von Anhängerblöcken mit unterschiedlicher Interessenstruktur geworden sind und daß sie gleichzeitig diese Anhängerblöcke auch noch zur Bewältigung schwieriger Aufgaben im Sinne ihrer Reformziele motivieren müssen. Ein gutes Beispiel für solch eine schwierige Aufgabe ist die Integration der ausländischen Arbeiter aus den anderen europäischen Ländern, die in einem reichen Land wie der Bundesrepublik zu einer neuen Form des »Proletariats« (im alten Sinn) zu werden droht. Es ist wohl klar, daß zum Beispiel eine sozialdemokratische Partei sich selbst aufgäbe, wenn sie sich auf die Interessenvertretung der deutschen Facharbeiter beschränkte und die Italiener, die Türken, die Jugoslawen in ihren gettoartigen Wohnbezirken der Großstädte sich selbst überließe. Wie aber ist ein so ungeheuer schmerzhafter Prozeß wie die Ausländerintegration mit einer Partei zustande zu kriegen, die so schwierig und differenziert zusammengesetzt ist wie die Sozialdemokratie von heute, in der also Interessen und Ethos der »traditionellen« Arbeiterklasse in Konkurrenz zu den Auffassungen und Wünschen der Akademiker aus dem Dienstleistungsbereich und – was zuweilen, aber nicht immer dasselbe ist – denen des »nachindustriellen Neoproletariats« (»das wahre Leben beginnt außerhalb der Arbeit«[7)]) existieren? Da kann man die Sehnsucht vieler sozialdemokratischer Führer in allen westeuropäischen Ländern nach der »alten Partei« verstehen, die Sehnsucht nämlich nach einer zentralen Klasse, die man vertritt und die andere Schichten lediglich am Rande, sozusagen als Gäste innerhalb der Partei duldet, die Sehnsucht nach klaren, unmit-

telbar ins Auge springenden, unbestrittenen Themen und Aufgaben, die Sehnsucht nach Solidarität und Einigkeit in der Auseinandersetzung, die Sehnsucht nach einer einzigen Sprache, die alle sprechen. Aber die in erste und zweite und dritte Kulturen auseinanderdriftende nachindustrielle Gesellschaft wird diese Sehnsucht nicht erfüllen; an ihrer Wirklichkeit prallen alle Appelle ab.

Nun kann man sich natürlich fragen, ob die »bürgerlichen«, insbesondere die konservativen Parteien von dieser Entwicklung verschont bleiben. Auch ihre Anhängerschaft verändert sich ja, wie man an den massenhaften Entfremdungs-Erscheinungen bei der bürgerlichen Jugend zur Zeit feststellen kann. Auch sie sind von der Desintegration geschlossener Milieus, die sich heute in wachsendem Maße zeigt, betroffen. Trotzdem aber haben sie gegenüber den sozialdemokratischen Parteien in der gegenwärtigen Phase strukturelle Vorteile.

Einerseits sind sie nicht in gleichem Ausmaß wie die Sozialdemokratie der Verkleinerung und (teilweise selbstverschuldeten) Zerstreuung ihrer zentralen Gruppe ausgesetzt. Wenn man so will, haben sie diesen Prozeß schon bei der Lockerung der konfessionellen Bindungen in den fünfziger und sechziger Jahren hinter sich gebracht. Andere Entfremdungsprozesse – beispielsweise durch den Abstieg von Teilen des Handwerks und der kleineren und mittleren Industrie durch Automation und ausländische Konkurrenz – stehen ihnen noch bevor. Im gegenwärtigen Zeitpunkt aber ist ihr Potential weniger in Bewegung als das der sozialdemokratischen Parteien.

Schwerer wiegt aber noch ein anderer Vorteil: Die konservativen Parteien haben es leichter, sich auf den kleinsten gemeinsamen Nenner der Interessen ihrer unterschiedlichen Anhängergruppen zu einigen. Um erneut das Beispiel der Ausländerintegration aufzugreifen: Eine Partei, die nicht den Ehrgeiz hat, italienische, türkische und jugoslawische Arbeiter samt ihrer politischen Kultur wirklich zu integrieren, sondern die sich darauf beschränkt, ihren Anhängern zu versprechen, daß ihr sozialer Status durch diese Ausländergruppen nicht verschlechtert wird, bringt natürlich – selbst wenn sie, wie die deutsche CDU/CSU, vor aggressiven ausländerfeindlichen Parolen aufgrund christlicher Einstellungsmuster zurückschreckt – sehr viel leichter ein handhabbares, wirkungsvolles politisches Programm zusammen als eine Partei mit einem tiefgehenden und unaufgebbaren Reformanspruch.

Für die sozialdemokratischen Parteien bedeutet dies: Sie stehen in schwieriger Konkurrenz. Sie müssen das »Konglomerat« ihrer Anhängerschaft in einem bewußten politischen Akt verschmelzen. Und dies bei zwar keineswegs verschwindender, aber eben doch sinkender Bindungswirkung der Arbeit bei vielen Menschen; einmal sind die ökonomischen Interessen der unterschiedlichen Anhängergruppen nicht mehr identisch, und zweitens haben diese Interessen nur noch im Ausnahmefall die unmittelbare Plausibilität, die aus Not und Elend kam. Der bei erträglichem Verdienst Unkündbare, der nur bei einer nationalen oder globalen Katastrophe arbeitslos werden kann, ist nicht selbstverständlich solidarisch, wenn

der Arbeitsplatz seines Nachbarn in der Trabantenstadt, eines Stahlarbeiters, wegrationalisiert wird.[8)] Sind diese neuartigen Aufgaben durch die sozialdemokratischen Parteien überhaupt zu bewältigen?

2.

Die Wahrheit ist: Die alten Arbeiterparteien müssen sich – wenn sie in Zukunft die Interessen der Arbeiterschaft wirksam vertreten wollen – zu Parteien neuen Typs entwickeln; sie müssen neue Kooperationsmuster entwickeln – und trotzdem konfliktfähig bleiben. Denn um ihre reformerischen Grundwerte Freiheit, Gerechtigkeit und Solidarität in die Wirklichkeit umzusetzen, müssen sie komplizierte soziale Koalitionen zustande bringen. Sie müssen das, was André Gorz – schon etwas großzügig vorausfliegend – die »traditionelle Arbeiterklasse«[9)] nennt, weiterhin als zentrale Bezugsgruppe begreifen; aber sie dürfen natürlich die Kinder der bei ihnen organisierten Arbeiter, die inzwischen auf Realschulen, Gymnasien und Universitäten gegangen sind und für die auch angemessene Dauerarbeitsplätze in der Facharbeitertradition nicht zur Verfügung stünden, nicht aussperren. Wie agiert eine solche Partei neuer Art, die ja nirgends fertig entwickelt besichtigt werden kann, die aber, wenn auch unter heftigsten Konflikten, in einigen westeuropäischen Industriegesellschaften gerade entsteht?

Ich ziehe, weil die Europäer ja voneinander lernen

sollen, noch einmal die Überlegungen von André Gorz heran. Er hat also Abschied genommen von der Marxschen Idee, daß eine hochindustrialisierte Gesellschaft, die jedem als gewünschte Resultante seiner freien sozialen Arbeit mit den anderen erscheint[10], organisierbar sei. Er kämpft für eine »dualistische« Lösung – wie die reformistische Arbeiterbewegung schon immer: für die Vergrößerung einer Sphäre der Autonomie, die aber auf einem Reich der Notwendigkeit aufruht. Einfach ausgedrückt: Da ein großer Teil industrieller Arbeit nicht wirklich »humanisierbar« sei, müsse der Mensch seine Freiheit außerhalb der Arbeit suchen. Seine Definition der Aufgaben der »Politik« in dieser Situation lautet folgendermaßen:

»Die Politik ist der Ort, an dem die Gesellschaft sich ihrer Produktion als eines Gesamtprozesses bewußt wird und versucht, deren Ergebnisse zu beherrschen und deren Zwänge zu kontrollieren. Daher kann die Politik ihre Aufgabe nur dann wahrnehmen, wenn sie sich weder mit dem Staat noch mit den aus der zivilen Gesellschaft aufsteigenden Wünschen identifiziert. Sie kann nur dann Ort der Vermittlung, der Reflexion, der Entscheidung zwischen autonomen Erfordernissen und technischen Imperativen sein, zwischen Subjektivität und objektiven Zwängen, wenn sie vermeidet, sich mit einem der beiden Pole, zwischen denen sie sich befindet, zu verquicken. Vielmehr muß sie der Ort ihrer maximalen Spannung sein, wo die Debatte über Ziele, Bedingungen ihrer Möglichkeit und Verwirklichung stets deutlich und offen bleibt.«[11]

Gorz hatte zeitlebens seine Schwierigkeiten mit Parteien; deswegen spricht er vorsichtig allgemein von »der Politik«. Das bringt eine gewisse Unklarheit in seine Formulierungen; so als könne man das Staatshandeln von »Politik« generell unterscheiden und sozusagen als »Verwalten« katalogisieren. Das müßte zu Mißverständnissen führen. Setzt man an die Stelle des Begriffes »Politik« aber den Begriff »Partei«, dann trifft die Gorzsche Definition etwas sehr Wesentliches: die Situierung der Partei nämlich zwischen Staat und Gesellschaft – als einer Organisationsform der Gesellschaft, die auf Machtausübung über den Staatsapparat aus sein muß, in dieser Orientierung auf den Staat aber nicht aufgehen darf.

Wenn solche Parteien unter den neuen Bedingungen der nachindustriellen Gesellschaft überleben wollen, müssen sie drei unterschiedliche Funktionen erfüllen. Konzentrieren sie sich nur auf eine davon, fallen sie vom Fleische und verlieren die Fähigkeit zur Gestaltung von Politik.

Sie müssen erstens *um staatliche Macht kämpfen.* Das sind die klassischen Aufgaben: Personalauswahl, Verwaltung, Gesetzgebung usw. Wer Interessen durchsetzen will, muß bereit sein, die große Apparatur zu bedienen. Diejenigen, die das tun und damit zwangsläufig in die Gefahr geraten, der Logik ihrer Ämter zu erliegen, dürfen nicht ausgegrenzt und abqualifiziert werden.

Insofern muß man Gorz nachdrücklich widersprechen, wenn er sagt: »Die wesentliche Zwecksetzung des Politischen ist also nicht die Machtausübung. Seine Rolle ist im Gegenteil Abgrenzung, Orientierung

und Kodifizierung der Aktionen der Macht, Bezeichnung ihrer Mittel und Ziele, Kontrolle, damit sie den Rahmen ihrer Tätigkeit nicht überschreitet.«[12] *Eine* der wesentlichen Zwecksetzungen »des Politischen« ist ohne Zweifel die Machtausübung; wer die Regierenden nur zu Bütteln macht, erfindet eine inhumane und gleichzeitig illusorische Arbeitsteilung.

Berechtigt allerdings ist die Mahnung von Gorz, daß die Parteien nicht einfach Transmissionsriemen der Staatsmacht werden dürfen. »Statt der Reflexion oder der Kritik technischer (systemimmanenter) Zwänge durch autonome Wünsche und dieser durch jene Platz zu schaffen, bekämpfen sie, unterdrücken präventiv oder adoptieren sie (um der Neutralisierung willen) jeden Autonomie-Impuls, der ihr die Ausübung der Staatsmacht erschwert oder zu erschweren droht. So schaufeln sie ihr eigenes Grab. Denn die Politik kann sich nur dann als besonderes Terrain – und die politische Partei als spezifische Kraft – behaupten, wenn in der Gesellschaft autonome Bewegungen, Hoffnungen, Kämpfe, Wünsche und Weigerungen wirksam sind, die sich ihrer vollständigen Verwaltung durch den Staat widersetzen und ihm immer wieder Autonomieräume entreißen. Sobald die Parteien sich von den autonomen Bewegungen abschneiden, verkommen sie zu Wahlmaschinen, die die Vorzüge der jeweiligen Kandidaten auf die technokratische Macht, das heißt auf die staatliche Lenkung der Heteronomiesphäre, anpreisen.«[13]

Das ist richtig gesehen. Wenn die Parteien sich daran binden, jeden aus der Staatspraxis erzwungenen Kompromiß nachzuvollziehen und in die Gesellschaft

hinein zu vertreten, fördern sie ihre eigene Konkurrenz. Bis zu einem gewissen Grade wird dies immer notwendig sein; von einem bestimmten Punkt ab führt es (im sanfteren Fall) zu Wahlverlusten oder (im schwereren Fall, etwa bei der alten sozialistischen Partei Frankreichs unter Guy Mollet) zum Verlust der Identität. Dies sind zwar keine revolutionär-neuen Erkenntnisse; aber in Deutschland, wo der Besuch eines Parteivorsitzenden – des Vorsitzenden der führenden Regierungspartei, Willy Brandt – in einem anderen Land (der UdSSR) als »Staats-Tumor« und »krasses Exempel für den Übermut von Parteien«[14)] gewertet wird, muß man dies offensichtlich nach wie vor betonen.

Die *ausschließliche* Orientierung der Parteien auf Staatsmacht führte zu Austrocknung und Lähmung. Deshalb muß man als zweite Funktion, die *Ausbildung einer politischen Kultur*, eines Lebensraumes, einer Lebenswelt festhalten. Dies hat die historisch verständliche Auswanderung der deutschen Sozialdemokratie aus ihrer alten Subkultur – die seinerzeit gegen die wilhelminische Gesellschaft gerichtet war – deutlich gezeigt: Das Preisgeben einer solchen Lebenswelt führt oft zu einer Verarmung der Partei, zu einem abgehobenen Delegiertensystem, das sich periodisch von einem Teil der Mitgliedschaft bestätigen läßt, aber nur noch Teile dieser Mitgliedschaft repräsentiert. »Die Partei« besteht dann bald nur noch – überspitzt ausgedrückt – aus denen, die staatliche Funktionen ausüben, die staatliche Funktionen anstreben oder die staatliche Funktionen ausgeübt haben. In diesem Zustand verliert die Partei dann auch

sehr schnell die Fähigkeit, kritische Bevölkerungsgruppen zu überzeugen und neue Schichten anzusprechen. Denn »die Partei« ist dann so sehr Geleitzug staatlichen Handelns – auf kommunaler, regionaler oder auch gesamtstaatlicher Ebene –, daß sie die Logik der Ämter, die der Bürokratie und der Koalitionen vollständig übernimmt und Alternativen nicht mehr denken kann.

Hier liegt ein ganz entscheidendes Problem des modernen Parteienbetriebs: Die Bestimmung der Parteien durch sozusagen halbprofessionelle Funktionäre, die die ganze Energie ihres Lebens in Politik investieren und so also – mit den Berufspolitikern – die Wirklichkeit innerhalb dieser Parteien prägen. Diejenigen Bürger aber, die nur einen Teil ihrer Energie in Politik investieren wollen und die im übrigen in anderen Sozialverbänden aktiv sind – von der Familie über die Freundesgruppe bis zu Vereinen und Verbänden –, werden abgeschreckt. Deswegen ist der Aspekt der »Lebenswelt« von großer Bedeutung; die Parteien werden die Erstarrung zu einer politischen Klasse nur vermeiden, wenn sie ausreichend mit nur »anpolitisierten« Bürgern in Verbindung bleiben; und da die autochthonen politischen Milieus, aus denen Parteien früher gelebt haben, immer mehr zerfallen, entsteht in geradezu dramatischer Weise die Gefahr der Verkrüppelung der Parteien zu Laufbahnsystemen für die gutausgebildeten Söhne (und ein paar Töchter) der Mittelschichten.

Ich weiß: Für eine schwierig »zusammengesetzte« Partei ist es auch nicht einfach, eine gemeinsame politische Kultur zu konstituieren. Dies verlangt eine To-

leranz der unterschiedlichen Lebensstile, die manche Aggression überwinden muß. Aber der Respekt vor Traditionen, die gemeinsame Spurensicherung, die gemeinsame Suche nach einem Weg aus schwierigen Situationen sind als Ferment durchaus wirksam. Die deutsche Sozialdemokratie hat in den siebziger Jahren – zum Teil als Lernende auch von den Parteien in den mediterranen Ländern – Formen des Zusammenlebens, des Zusammen-Feierns, des Miteinander-Streitens entwickelt, die in die Erstarrung der Partei der sechziger Jahre Bewegung gebracht haben.

Die Reformparteien der Zukunft – dritte Funktion – müssen sich, wenn sie sich behaupten wollen, *dem gesellschaftlichen Dialog in einem umfassenden Sinn öffnen*. Denn wenn sie das Konglomerat ihrer Mitgliedschaft zu einer handlungsfähigen Einheit zusammenführen wollen, dann geht dies nur über den Dialog. Und keine gesellschaftliche Institution wird ihnen die Aufgabe abnehmen, die unterschiedlichen Wertsysteme der unterschiedlichen Anhängergruppen so miteinander ins Gespräch zu bringen, daß diese gemeinsam handeln können.

Denn noch einmal: Alle Appelle an die Bereitschaft zur Solidarität, zur Einordnung und zur Demonstration erfolgversprechender Geschlossenheit werden nicht dazu führen, daß die unterschiedlichen »Systeme von Selbstverständlichkeiten«, die in der Anhängerschaft einer »Volkspartei« existieren, sich in Luft auflösen. Moderne Reformparteien haben deshalb nur eine Chance, wenn sie in der offenen Austragung ihrer Kontroversen einen Vorzug sehen. Wenn sie anfangen, sich ihrer Kontroversen zu schä-

men und sich nach der Einigkeit der CSU zu sehnen, haben sie die Auseinandersetzung schon verloren.

Ein letztes Mal Gorz: »Im ganzen kapitalistischen Westen wiederholt sich die in den Vereinigten Staaten zu beobachtende Entwicklung, nämlich daß die grundsätzlichen Debatten über Produktion und sozialen Wandel zunehmend in Vereinigungen, Kirchen, Universitäten, Clubs und Bewegungen stattfinden, deren Ziel nicht die Ausübung der Staatsmacht über die Gesellschaft ist, sondern vielmehr diese jener zu entziehen, um den Raum der Autonomie und Selbstbestimmung, in dem auch ethische Vorstellungen zur Geltung kommen, zu erweitern.«[15)]

Dieser Gefahr kann die Bundesrepublik noch entgehen; und sie sollte auch alles daran setzen, daß ihr dies gelingt – denn die Abwirtschaftung des Parteiensystems brächte keinen Durchbruch zur Freiheit, sondern die kleinlich-rigorose Herrschaft irgendeiner Clique des gesunden Menschenverstands.

Bedingung dafür ist allerdings Dialogfähigkeit; und man muß ja zugeben, daß von Dialog inzwischen soviel die Rede ist, daß man das Wort nicht mehr gebrauchen mag. Die populistischen Selbstinszenierungen von Großpolitikern, die ständig über den Mut reden, auch einmal Nein zu sagen, sind dabei genauso schlimm wie die Vorbedingungen, die die selbsternannten Führer der Volksbewegungen formulieren – manche von denen reden ja rein definitionsgemäß nur dann vom Dialog, wenn das herauskommt, was sie selbst für richtig halten. Solch ein Dialogbetrieb diskreditiert allerdings alles.

Mag sein, daß ich den Parteien zuviel zumute. Sie

wären überfordert, wenn sie allzu viele gesellschaftliche Strukturen ersetzen sollten.[16] Aber die klassischen politischen Arbeiterorganisationen werden schwächer, die Kirchen sind leer, die Universitäten spezialistisch erstarrt; da bleibt für viele als Ausflucht vor der Kleinfamilie nur noch der Sportverein. Der ist wichtig, aber ist er genug? Die Parteien haben in einer Phase der Segmentierung und Fragmentierung der Gesellschaft eine nicht zu unterschätzende Integrationsfunktion. Deswegen halte ich auch nichts von der »Auflockerung« unseres Parteiensystems, wie es zur Zeit theoretisch überlegt[17] oder praktisch versucht[18] wird. Die Zerlegung der Parteiblöcke in Einzelinteressen würde nicht zur erfrischenden Artikulierung unterdrückter Interessen führen, sondern eher zur starren und bulldozerhaften Konfrontation von einzelnen Interessenströmen. Das Gegeneinander von CDU und »vierter Partei« würde unsere politische Kultur ebensowenig bereichern wie die giftige Konkurrenz einer auf die Arbeiterschaft konzentrierten Sozialdemokratie und einer auf die neuen Mittelschichten gestützten neuen Linkspartei. Deutschland ist nicht Holland, wo eine Neuformation des Parteiensystems schon in den sechziger Jahren gelang. Bei uns kommt in der Hitze des Gefechtes unter dem dünnen Firnis der »Solidarität der Demokraten« rasch blinder Haß zum Vorschein; das haben wir das letzte Mal im deutschen Herbst 77 erlebt. Ich weiß, ein neues Parteiensystem brächte goldene Zeiten für Polemiker und Satiriker; es gäbe wieder eleganten Spott, geistvollen Hohn, entlarvende Schärfe und scheinbar befreiende Handlungsmöglichkeiten. Aber

über kurz oder lang führte dies in Deutschland zuerst zu »Sonntagsspaziergängen«, wie die Berliner Hausbesetzer ihre provokativen Besuche bei Maklern und Hauseigentümern nannten, dann zu bürgerwehrähnlichen Verbänden und schließlich zur Herrschaft von Machtgruppen, die sich einen starken Mann engagieren würden. Wir sollten »die so fruchtbare Verknüpfung von Interessenvertretung und Austrag von Strukturproblemen in ein und derselben Partei, die die Neuzeit auszeichnet«[19] nicht gefährden.

3.

Der ökonomische Spielraum der Politik in den Industriegesellschaften ist in den nächsten Jahrzehnten, das ist nun allen klar, engstens begrenzt. Schon allein die wachsende Energierechnung wird die Industrienationen zwingen, ihre Sozialleistungssysteme zu »konsolidieren« – was vermutlich sowohl die Einsparung von entbehrlichen Annehmlichkeiten für die mittleren Schichten wie auch Leistungseinschränkungen für die unteren Schichten erzwingen wird. Sollten die Industriegesellschaften zusätzlich, sei es aus eigener Einsicht, sei es unter dem Druck der Dritten Welt, eine vorausschauende Konfliktvermeidungsstrategie betreiben, sich also endlich offensiv mit Problemen wie der Welternährung, der Bodenerosion, der Nutzholzvernichtung oder der Wüstenausdehnung[20] auseinandersetzen, würde die Möglichkeit, gesellschaftlichen Frieden durch materiellen Fort-

schritt zu erzeugen, weiter eingeschränkt. Und dies ist eine Herausforderung für alle; für die kommunistischen Regime in den östlichen Industriegesellschaften genauso wie für linke oder rechte Regierungen in den westlichen Staaten. Alle müssen sich überlegen, ob sie sich darauf verlassen wollen, daß entstehende Unzufriedenheit durch Repression und Polizei bekämpft wird – was, wie der Fall Polen zeigt, selbst in zentralistischen Regimes sehr heikel ist; oder ob sie versuchen wollen, eine politische Identität zu entwikkeln, die eine gewisse Hoffnung gibt, daß die politischen Systeme nicht nach einem zeitweiligen Hin und Her zwischen der einen oder anderen Machtgruppe schließlich zusammenkrachen. Denn man könnte zwar – ich rede jetzt von der Bundesrepublik – als konservative Regierung eine Zeitlang davon leben, daß man alle Schwierigkeiten der bislang regierenden sozialliberalen Regierung zuschiebt und ein Blut-Schweiß-und-Tränen-Regime versucht. Aber nach ein paar Monaten oder vielleicht auch Jahren käme dann doch, was kommen muß. Die Nation als »überwölbende Idee« ist tot; und daß die Kinder in den Schulen wieder Volkslieder auswendig lernen müssen, wie es ein deutscher Kultusminister gerade angekündigt hat, wird das Volk nicht ruhig halten.

Wer die Nazis noch erlebt hat, hat einen Horror vor »überwölbenden Ideen«. Es war ein zivilisatorischer Fortschritt, daß die Nachkriegsgeneration davon nichts wissen wollte, sich auf den notwendigen Wiederaufbau konzentrierte und Politik mehr als einen distributiven Vorgang verstand: Als Reaktion auf *unbestreitbare* »Herausforderungen«, auf Zwänge, die

aus der Natur, aus den gesellschaftlichen Antagonismen – Krieg – aus den wirtschaftlichen Abläufen kamen. Identität war Privatsache, Deutschland ein Gelände: »Seit etwa zweitausend Jahren arbeiten Menschen auf einem Gelände, das später Deutschland genannt wird . . .«[21)]

Ich behaupte: Diese Art von Politik, ob sie von rechts oder von links betrieben wird, in der Bundesrepublik oder in Frankreich oder sonstwo, trägt nicht mehr lange. Eine Zeitlang werden die Wähler die Mannschaften auswechseln und hoffen, daß dies etwas ändert; wenn sie gemerkt haben, daß das nicht hilft, werden die Rebellionen überhand nehmen.

Was ist politische Identität? Der Antwort auf diese Frage kann man sich historisch annähern – besser als über Definitionen.[22)] Schon die Griechen haben einen Begriff des Politischen entwickelt, der das technisch-organisatorische Verständnis von Politik oder seine Beschreibung als eine Art »Sachgebiet« übersteigt. Dieser Begriff ist allerdings in der »Epoche der Staatlichkeit« (Carl Schmitt) verlorengegangen.

Christian Meier hat die Entstehung des Politischen bei den Griechen und die politische Identität der Athener während der Perikleischen Demokratie einfühlsam gezeichnet. Identität, sagt er, »stellt gleichsam einen Kern im gesellschaftlichen Feld dar, der in irgendeiner Weise darauf drängt, daß eine Gesellschaft im wesentlichen sich treu bleibe. Seine Wirkung besteht in eigenständigen Prozessen, in denen bestimmte Haltungen, Erwartungen und Wertschätzungen reproduziert werden, sich in Erwartungshaltungen stabilisieren und damit unabhängig werden

vom Vorhandensein der Motive, aus denen sie ursprünglich erwachsen waren. Es institutionalisiert sich damit ein Kraftzentrum, das weit über alle Meinungen und alles persönliche ›Sich-verpflichtet-fühlen‹ hinausgeht, vielmehr diese seinerseits hervorruft und befestigt.«[23)]

Das Interessante dieser Modellsituation des 5. Jahrhunderts – dargestellt an einer begrenzten Stadtrepublik – ist die Tatsache, daß bei den athenischen Bürgern aus den unterschiedlichen sozialen Schichten Gemeinsamkeiten der Arbeit keine nennenswerten Solidaritäten stiften konnten. Auch hier also eine geringe Bindungswirkung der Arbeit und der ökonomischen Motive: »Die Solidarität derer, die durch eigene Mitsprache Gerechtigkeit und Ordnung sichern wollten, konnte kaum an deren verschiedene unmittelbare Interessen, sondern mußte an das allgemeine, eher vermittelte, also das bürgerliche Interesse anknüpfen . . . Sie (die Handwerker, Bauern, Kultgenossen) konstituierten zwischen sich eine ganz neue Ebene der Begegnung, des Verkehrs, des Sprechens, Handelns, Erwartens, Sich-Nehmens und Zusammenseins. Gewiß, Familie, Einkünfte, Vermögen, Arbeit wurden dadurch nicht gleichgültig. Das Politische muß ja bei Nichtspezialisten notwendig im Denken und Leben, in Kraft und Zeit der Einzelnen mit vielem anderen den Platz teilen. Insofern kann es dort immer nur eine Nebenrolle spielen. Aber diese Nebenrolle wurde für relativ sehr viele die Hauptrolle außerhalb des Hauses, die einzig beachtliche, wenn auch abgestuft nach den Tätigkeitsfeldern in den einzelnen Gemeinden und in der polis im ganzen.«[24)]

Es gab also eine besondere »Zugehörigkeitsstruktur«, ein Zusammengehörigkeitsbewußtsein, innerhalb dessen wirtschaftliche Angelegenheiten anders eingebettet waren als bei uns. »Die Athener waren als homines politici nicht so auf ihre wirtschaftlichen Bedürfnisse und Nöte bezogen wie wir als homines oeconomici.«[25)] Und Meier resümiert: »Identität ist etwas, was gewiß nicht gegen alle Interessen, Bedürfnisse und Nöte bestehen oder sich durchsetzen kann. Aber als eine besonders grundlegende, sinngebende und zentrale Größe in der Ökonomie der Persönlichkeiten und der Gesellschaften hat sie eine gewisse Resistenz selbst gegen Interessen und Bedürfnisse, ja sie weist diesen in gewissem Umfang sogar ihren Rang zu.«[26)]

Natürlich: Keine falschen Vergleiche. Der athenische Staat existierte nur, weil ein großer Teil der wirtschaftlichen Tätigkeit von Metöken und Sklaven verrichtet wurde; die Frauen waren aus dem Bürger-Sein ausgeschlossen. Vor allem war es ein winziges Modell. Der relativ große Rat der Fünfhundert wurde seit Mitte des 5. Jahrhunderts durch das Los bestimmt, keiner konnte öfter als zweimal im Leben Ratsherr werden. Der Rat wurde jährlich neu bestellt. Mindestens 7500 Bürger mußten also in einer Generation Ratsherren werden, das war ein Viertel bis ein Fünftel der Bürgerschaft.[27)] Da ist wenig übertragbar auf die modernen Massengesellschaften.

Aber eben doch der Begriff des Politischen. Das Politische – nicht als Sachgebiet, nicht als »am Ganzen« orientiert, im Gegensatz zu eigennützig, nicht als »schlau, listig, verschlagen«, nicht als »staatlich« –

sondern als »Beziehungs- und Spannungsfeld, nämlich das Feld oder das Element, in dem in und zwischen politischen Einheiten (und Untereinheiten) eine Ordnung des Zusammenlebens geschaffen und praktiziert, Entscheidungen über gemeinsam interessierende Fragen getroffen und Positionen umkämpft werden, von denen her diese Entscheidungen zu beeinflussen sind«.[28)]

Ja, Carl Schmitt hat diesen Begriff neu bestimmt.[29)] Der Begriff des Politischen, so interpretieren die beiden Linken Alexander Kluge und Oskar Negt den Rechten Carl Schmitt, »beschreibt . . . den äußersten Intensitätsgrad einer Verbindung oder Trennung, einer Abstoßung oder Anziehung, einer Assoziation oder Dissoziation«.[30)]

Schmitt, an der Außenpolitik orientiert, spitzte seine Definition des Politischen auf Freund/Feind zu. Kluge und Negt weisen dagegen auf interessante Weise nach, daß eine kämpferische Haltung gerade auch aus der Bestimmtheit von solidarischen Beziehungen entstehen kann. Politischer Stoff kann auch aus der Tatsache von Freundschaft entstehen.[31)] Deswegen meine Betonung der Bedeutung von »politischer Kultur« für politische Parteien. Aber der alte Streit mit Schmitt ist nicht mein Thema.

Ich rekapituliere diese Ableitung des »Politischen«, weil ich deutlich machen will, daß Politik eben nicht nur Reaktion auf Außenwelt ist, sondern ein bewußter Akt. Kluge und Negt nennen es, gut hegelianisch, einen »Produktionsprozeß«. Das kennzeichnet das aktive Element. Es geht um eine »Erweiterung der Wahrnehmungs- und politischen

Handlungsvermögen«[32], auch um Sinnlichkeit und Hautnähe. Es geht darum, etwas in Bewegung zu setzen, Wunschpotentiale zu erkennen, gesellschaftswirksam zu machen, also sozusagen politischen Rohstoff zu aktualisieren.

Kluge und Negt beschreiben eindringlich, wie so etwas vor sich geht:

»Neuerungen in der Kindererziehung, die sich auf das Elternrecht stützen, die Verlegung eines Gefangenen von einem Gefängnis in ein anderes, der Ausbau einer Straßentrasse, die Nachbarschaft einer neuartigen Technologie, das Trinken von Milch sind zunächst längere Zeit keine Materien, die für unmittelbar politisch gelten. Enthalten Akte der Exekutive oder der Umweltveränderung große Verletzungen von Lebensinteressen, *so entsteht ein Intensitätsgrad an Abwehr,* der ein alltägliches Verhältnis zu einem politischen macht.«[33]

Das klingt alles sehr theoretisch, ich weiß. Aber wenn man aufhört, die Arbeit der Wünsche zu spüren, wenn man die politische Bearbeitung des Rohstoffes vernachlässigt, mit einem Wort, wenn man sich auf einen falschen Begriff von Wirklichkeit einläßt, dann macht einen diese Wirklichkeit zum »Realitätsgaranten«. Das hat Klose beim Giftmüll-Skandal Stolzenberg in Hamburg erleben müssen und Dietrich Stobbe bei der Garski-Affäre in Berlin. Wie Kluge und Negt das beschreiben: »Eine Stadt wie West-Berlin hat, unabhängig davon, welcher Politiker ihr vorsitzt, spezifische Ambivalenzen aufzuweisen. Die Existenz der Stadt repräsentiert eine Deutschlandpolitik, die es im Weltmaßstab zur Zeit nicht gibt.

Zugleich gehen die Interessen einer konkreten Bevölkerung immer darin auf, Repräsentanz für eine Idee zu sein. Die Subvention lockt die Spekulanten und andere kurzfristige Mitnehmerinteressen naturwüchsig an. Politiker haften insofern, auch ohne Verschulden, für Zufall. In dieser Stadt herrscht Wohnungsnot bei gleichzeitigem Bevölkerungsschwund. Das Zentrum verödet, an ihren Rändern türmt es sich riesig auf. Auf die beträchtliche ausländische Arbeiterschaft kann sich die Stadtregierung nicht einlassen, weil jeder der Bewohner um seinen Arbeitsplatz bangen muß. Kein pragmatischer Politiker wird es wagen, die Krise der Stadt auszusprechen, da ihm dies – als Boten – das Amt kostet. Ist einmal der bloße Bestand der realen Verhältnisse zum Meßwert von Politik gemacht, so sind gerade die Pragmatiker unter solchen Umständen verloren. Es ist gelungen, das Politische (als den öffentlichen Ausdruck unerfüllter Wünsche) aus dem sozialdemokratischen Konzept auszusperren, jetzt haften die Pragmatiker für alles Wirkliche, praktisch einschließlich des Wetters.«[34)]
Ist das jetzt praktisch oder nicht?

4.

Harter Schnitt. Ich versuche eine Momentaufnahme der innenpolitischen Szenerie der Bundesrepublik Deutschland.

Die Konservativen haben in der ideologischen Auseinandersetzung der letzten Jahre zweifellos

Punkte gemacht; sie haben es verstanden, die vermeidbaren und die unvermeidbaren Niederlagen der Regierung als Folge von »Illusionismus« und »Reformeuphorie« auszugeben und eine Rhetorik der Tendenzwende zu pflanzen. Der gegen Brandt gerichtete Vorwurf der »Euphorie« ist zwar stark übertrieben; eine neue Regierung ist völlig außerstande, sozusagen voluntaristisch zu entscheiden, welches der aufgestauten Probleme sie aufgreifen soll und welches nicht; sie kann während eines Aufbruchs nicht Teile ihrer Administration ruhigstellen. Sie steht auch unter dem Druck der Erwartungen ihrer Anhänger. Ob richtig oder unrichtig; der Vorwurf aus dem konservativen Überbau war wirksam – er hat viele Funktionäre der Koalitionsparteien ins Bockshorn gejagt.

Nur waren die »Macher« der Konservativen bisher noch nicht in der Lage, die Vorlagen ihrer »Merker« zu verwandeln. Je mehr sich konkrete Probleme zuspitzen, desto unbeirrter tut die Opposition so, als könne man sie mit dem trotzigen Besitzindividualismus der fünfziger Jahre bewältigen. Doch die Bodenspekulation betrifft nicht nur sozialdemokratische Wähler, sondern auch christdemokratische.

Es ist leicht, der *Frankfurter Allgemeinen* zu applaudieren, wenn sie »angesichts sich erschöpfender Vorräte an Energie und Rohstoffen« ein »Klima der Disziplin und Selbstbeschränkung, ja der Askese«[35] fordert; nur muß man solche Erkenntnisse dann auch in den konkreten Politikfeldern anwenden – auch auf die eigene Klientel. Aber davon ist nichts zu bemerken.

Die deutschen Konservativen beharren auf einer

ideengeschichtlich (»ordnungspolitisch«) formulierten Alternative, die in die Wirklichkeit nicht hinunterreicht.

Die außerparlamentarische Linke auf der anderen Seite des politischen Spektrums schwankt zwischen mutlosem Selbsthaß und nüchterner Selbstkritik hin und her. *Sie* war wirklich »euphorisiert«; viele ihrer Protagonisten hielten die Bundesrepublik für sturmreif, viele ihrer Anhänger glaubten an eine durch Politik herstellbare Gerechtigkeit. Die Enttäuschung war bodenlos und zerkleinerte eine zeitweise wirksame soziale Bewegung in viele nachdenkliche und ein paar unbelehrbare Zirkel.

Die Lektion der Macht lernt diese Linke nur sehr langsam. Es gibt in Westeuropa keine realistische Alternative zum Reformismus[36)]; das ist zwar mehr oder weniger akzeptiert. Aber über das, was gegen den Widerstand privilegierter Schichten durchgesetzt werden könnte, wenn die Regierung nur ein wenig mutiger und konsequenter wäre, herrschen nach wie vor blanke Illusionen. Wenn zum Beispiel ein Mann wie Wolf-Dieter Narr die Behauptung aufstellt, die sozialliberale Koalition habe aus dem »erheblichen Vorschuß an öffentlicher Unterstützung nahezu nichts gemacht«[37)], und den Satz schreibt: »Es wurde von der Reformregierung etwas an der Karosserie der Bundesrepublik herumgedrechselt, vielleicht wurde auch der Rückspiegel ausgewechselt. Der Motor des CDU-Staats blieb bis in Einzelheiten des Getriebes intakt«[38)] – dann fragt man sich, in welchem Land diese Linke lebt. Ist das jahrelange erbitterte Anrennen gegen die Ost- und Entspannungspolitik, gip-

felnd im versuchten Aufkauf der FDP 1972, schon verdrängt? Ist der haßerfüllte Kampf gegen die Mitbestimmung – bis vor das Bundesverfassungsgericht, vor dem jede weitergehende Lösung damals gescheitert wäre – nur ein böser Traum der Sozialdemokratie gewesen? Lohnfortzahlung bei Arbeitern im Krankheitsfall ist nur eine Spielerei an der Karosserie der Gesellschaft? Wer so urteilt, hat aus den internationalen Klassenauseinandersetzungen des letzten Jahrzehnts, von Chile bis Italien, von England bis Spanien, nichts gelernt. Die außerparlamentarische Linke in Deutschland ist nach wie vor eine moralistische Intellektuellenbewegung; die dürre Grundformel des Reformismus, daß man das Leid der Unterprivilegierten nur um die Rate mindern kann, die die Privilegierten nicht in die totale Obstruktion treibt, ist ihr unerträglich. Sie bezahlt es mit politischer Einflußlosigkeit.

So ging in Deutschland eine Koalitionsregierung, die rund die Hälfte der Bürger hinter sich hatte, ohne den Druck einer politisch zwingenden Alternative der Opposition, aber auch ohne die Unterstützung eines wirklich breiten Bündnisses unterschiedlicher gesellschaftlicher Schichten in die achtziger Jahre. Die deutsche Demokratie – wirtschaftlich stark, militärisch eine Mittelmacht, politisch immer noch auf dem Wege. Die Deutschen, auf der Suche nach einer Biographie.

Und nun diese Zangenbewegung: Da von wirtschaftlichen Krisen immer Oppositionen profitieren, verlieren die Sozialdemokraten Teile ihrer Stammwählerschaft. Zwar wachsen die Schichten, die Ein-

kommensverluste in gewissen Grenzen akzeptieren, solange man ihnen die Gelegenheit bietet, nach ihrer eigenen Façon selig zu werden. Aber das ist eine Minderheit; die Mehrheit reagiert mit Unzufriedenheit, wenn der Lebensstandard eingeschränkt wird.

Wenn diese Menschen in Angst geraten, laufen so manche von ihnen nach rechts. Deshalb kann die Flutwelle des Neokonservativismus in Deutschland noch ansteigen.

Die andere Backe der Zange greift von links – wenn das denn links ist. 1978 hieß dies Ökologiebewegung; heute heißt es Friedensbewegung, morgen wird sich die Sehnsucht nach neuen Lebensformen auf ein anderes Thema werfen. Regierende Sozialdemokraten reagieren oft genug tollpatschig auf diese neu entstehenden sozialen Bewegungen; wer allerdings glaubt, daß die dort freiwerdenden Wünsche umstandslos in Politik umgesetzt werden könnten, der überschätzt die Macht des Staates im späten 20. Jahrhundert.

Sozialdemokratische Regierungen haben im übrigen – erst recht wenn sie über keine absolute Mehrheit verfügen und also auf Koalitionen aufgebaut sind – besondere, zusätzliche Steuerungsrisiken. Konservative Regierungen halten sich leichter an der Macht. Dies hängt nicht nur mit der historischen Prägung der Parteien, also beispielsweise mit der aus der Weimarer Zeit und den fünfziger Jahren noch nachwirkenden, von einer geschichtsgläubigen Absonderung herrührenden Machtferne der Sozialdemokratie zusammen; die ist weitgehend überwunden. Nein, es hat strukturelle Gründe.

Ich sehe zwei zusätzliche Steuerungsprobleme, denen sozialdemokratische Administrationen gegenüberstehen: Einmal stützen sie sich – abgesehen von den gut organisierten Gewerkschaften – auch auf sozial schwache und schlecht organisierte Bevölkerungsgruppen, die nur schwer mobilisierbar sind; und zum anderen unterliegen sie gegenüber entscheidend wichtigen Gruppen ihrer Anhänger einem *zusätzlichen Begründungszwang*; sie müssen ihre Macht durch *Veränderung* legitimieren. Darauf können die Konservativen verzichten; sie leben deshalb leichter und länger von den Pfründen und dem Amts-Charisma der Macht.

Ein klassisches Beispiel für die Mobilisierungsprobleme der sozialdemokratischen Klientel ist die Wohnungspolitik. Will man unter den gegenwärtigen Umständen den wirklich Schwachen helfen, so muß man mehr Finanzmittel für eine sozialpolitisch ausgerichtete Stadterneuerung aufbringen. Nicht, daß diese Mittel nicht da wären; die Eigentumsbildung eines Jahres auf dem Wohnungsmarkt kostet im Barwert sicher rund zehn Milliarden D-Mark; darin steckt auch die überflüssige Förderung von Haushalten, die nach dem Verkauf ihres ersten Hauses auf ein besseres und größeres umsteigen. Zwei Drittel der Förderungsmittel nach dem berühmten Paragraphen 7b des Einkommensteuergesetzes kommen dem oberen Drittel der Einkommensbezieher zugute; nur fünfzehn Prozent Begünstigte gehören zu den kinderreichen Familien, die besondere Wohnungsprobleme haben. Es wäre also genug Geld da; aber es müßte umgeschichtet werden. Die Menschen aber, die in

den Stadtquartieren leben, die man erneuern müßte, sind im politischen Interessenkampf sehr schwer einsetzbar. Ausländer mit ihren Familien haben nicht einmal ein Wahlrecht; die Rentner sind schwer mobilisierbar; viele der jungen Menschen, die dort leben, betrachten ihre Existenz als ein Übergangsstadium und geben sich auch mit schreienden Mißständen zufrieden. Interessen an der Eigentumsbildung auf der anderen Seite sind keineswegs nur bei Zahnärzten und Prokuristen gegeben, sondern ebenso bei gewerkschaftlich organisierten Facharbeitern oder kleinen Handwerkern. Ein Drittel aller Eigenheime wird von Arbeitern gebaut. Die »sozialdemokratischen« Kompromisse sind schwerer zustande zu kriegen als die konservativen.[39)]

Noch schwieriger als die Einführung wenig artikulierter Interessen in die institutionalisierte Politik ist für eine regierende sozialdemokratische Partei die Rekrutierung ihrer Funktionäre. Wenn die SPD die Verbindung mit den Bruchstellen der Gesellschaft, auf deren Beseitigung sich ihr Ethos richtet, nicht verlieren will, darf sie sich nicht mit dem normalen Zustrom aus dem aufstiegswilligen Bürgertum zufrieden geben. Auch muß sie immer darauf achten, daß sich nicht links neben ihr eine handlungsfähige Gruppierung so weit festigt, daß ihre Machtchance gefährdet wird; die Debatte um die »Grünen« zeigt das Problem schlaglichtartig. Begeisterungsfähige, sensible, bis zu einem gewissen Grad opferbereite junge Menschen werden durch bestimmte Konflikte in die Parteien hineinsozialisiert; die letzten Schübe kamen aus der Auseinandersetzung um die Wiederbewaff-

nung in den fünfziger Jahren, dem Kampf um die Ostpolitik und dem Konflikt mit der Studentenbewegung. Was, wenn auf der Ebene der politischen Administration – beispielsweise wegen eines relativen Machtgleichgewichts der entscheidenden Kräfte – solche Anstöße nicht erfolgen?

Das Problem verschärft sich noch in einer Situation, in der blanke Not und Ungerechtigkeit gemildert sind oder verdeckt daherkommen und als sozusagen selbstverständliche Antriebskraft einer ganzen Generation begabter junger Leute ausfallen? Wie verhindert die Arbeiterbewegung, daß in dieser Situation der sensible und deswegen störanfällige Teil der jungen Generation in die innere Emigration des Privatismus geht oder sich in Sekten verrennt?

Für die Identität der Arbeiterbewegung (denn es gilt nicht nur für die sozialdemokratische Partei; es gilt genauso für die Gewerkschaften) ist dies eine entscheidende Frage; und zwar eine Machtfrage.[40)] Die Sozialdemokratie muß die Schubkraft der idealistischen Initiativbewegungen ihrer Zeit jeweils – wenn auch sicherlich nicht ohne Konflikte und Abstoßungen – für die Arbeiterbewegung mobilisieren und (das ist die andere Seite) auf die Interessen der Arbeitnehmer und ihrer Bündnispartner verpflichten. Sobald ihr dies mißlingt, verliert sie – jedenfalls auf die Dauer – die Mehrheit.

Natürlich kann dies nicht heißen, daß Regierungen ihr administratives Handeln von den Rekrutierungsproblemen ihrer Parteien abhängig machen dürften. Sie können keine Bocksprünge vollführen, um die Intelligenz zu faszinieren. Aber wie sie – im parlamen-

tarischen System – viele ihrer aktuellen Entscheidungen auf Wählergruppen zuschneiden müssen, um sich – kurzfristig – die Zustimmung zu sichern, müssen sie auch *langfristige* Aspekte der Machtsicherung bedenken.

Sie müssen, heißt dies, immer wieder Ungerechtigkeiten aufgreifen und Konflikte, auch schwere Konflikte riskieren. Sie dürfen nicht der Gefahr erliegen, Probleme, die zur Zeit auf der administrativen Ebene unlösbar sind, einfach ruhigzustellen. Dies bedeutet, daß für sozialdemokratische Regierungen eine klassische Maxime des Regierungshandelns geradezu außer Kraft gesetzt ist: die Maxime, daß man nur über Probleme reden dürfe, die man auch kurzfristig bewältigen könne.

In einer Situation, in der viele notwendige Entscheidungen schon in der Koalition nicht durchsetzbar sind und in der in einer wachsenden Zahl von Fällen gemeinsame Konzepte der Koalitionsparteien vom Bundesrat zunichte gemacht werden, wächst die Gefahr, daß viele sich mit dem Gedanken beruhigen, eine sozialdemokratisch geführte Regierung blockiere wenigstens die Gegenreformation der Konservativen. Ich halte diesen Gedanken zwar für richtig; er reicht aber nicht aus, um auf längere Frist die sozialdemokratische Anhängerschaft zu stabilisieren.

Wir stehen in der Bundesrepublik – ich greife Beispiele heraus – vor einem gewaltigen Prozeß der Vermögensumverteilung – über den Verkauf von Grund und Boden, also über Bodenwertzuwachs – zugunsten von vielleicht fünf oder zehn Prozent der Bevölkerung. Es gibt administrativ zur Zeit keine Chance,

diesen Prozeß aufzuhalten. Aber für die Erhaltung der Regierungsfähigkeit der Sozialdemokratie wird es darauf ankommen, ob wir zulassen, daß die Mehrheit der Bevölkerung diese Entwicklung als normal akzeptiert.

Ein anderes Beispiel: In unserem Land sind -zig Tausende junger Menschen gezwungen, Berufe zu erlernen, mit denen sie später nichts anfangen können. Sie werden als Hilfsarbeiterinnen und Hilfsarbeiter gehen müssen, weil in ihrer Region vernünftige Ausbildungsmöglichkeiten nicht angeboten werden. Über ein Gesetz wird dieser Tatbestand nicht zu ändern sein. Es kommt darauf an, daß wir ihn trotzdem als schreiende Ungerechtigkeit im Bewußtsein der Menschen halten.

Ob eine Regierung solche Balanceakte zustandebringt, hängt ganz entscheidend von ihrer Beziehung zu der Partei ab, die sie trägt.

Denn eine demokratische Gesellschaft darf die Politik ja nicht an die gewählten Administrationen einfach abtreten. Politik – jedenfalls in einer Demokratie – ist nicht nur das Gewerkel von ein paar hundert oder ein paar tausend Ministern, Beamten, Botschaftern, Bürgermeistern, Stadträten und Abgeordneten, sondern im Idealfall eine gemeinsame, zukunftsbezogene Optimierung menschlichen Zusammenlebens, die den Selbsteinsatz des Bürgers, das Übernehmen eigener Verantwortung verlangt.[41)]

So mancher Praktiker hält das für emphatischen Unsinn. Demokratie bedeutet für ihn geduldiges Administrieren, bei dem die Herrschenden gelegentlich abgewählt werden können. Aber solche »Demokra-

tien« werden periodisch aus den Angeln gehoben; und vor allem die Sozialdemokratie ginge mit solch einem Demokratiebegriff vor die Hunde.

Am radikalsten ist die Ablehnung der Politik vor kurzem von dem französischen Dichter Eugène Ionesco formuliert worden. Er sagte: »Die Politik sollte im Grunde einfach die Güter verwalten, aufteilen und vertreiben. Ideal gesehen, sollten die Verwalter des Staates eine reine Ordnungsfunktion haben oder wie Computer arbeiten.«[42)]

In Wirklichkeit ist *diese* Auffassung »emphatisch«; sie stößt den Menschen in die einsame Kontemplation, die metaphysische Versenkung, nabelt ihn vom Handeln ab. Eine Philosophie für das bengalisch beleuchtete abendländische Ich; für die Politiker natürlich sehr bequem. Weil diese Philosophie zur Zeit auch bei den Spontis via Kierkegaard wieder modern wird, muß man im gründlichen Deutschland vor dieser Tendenz auf der Hut sein.

Für einen besseren Ratgeber als Ionesco halte ich Tocqueville. Der schrieb an Kergorlay: »Die große Krankheit der Seele ist die Kälte. Und um dieses furchtbare Übel zu bekämpfen, muß man die lebendige Bewegung seines Geistes nicht nur durch Arbeiten in Bewegung halten, sondern auch durch Beziehungen zu seinesgleichen und zu den Angelegenheiten der Welt.«[43)]

Für die Sozialdemokratie kommt es in den achtziger Jahren also darauf an, *daß sie Politik nicht aufs Administrative schrumpfen läßt.*[44)] *Sie muß die Partei als Lebensraum, als Forum der Kommunikation, als Organ der Bewußtseinsbildung neu organisieren.*

Wenn man politische Ziele administrativ durchsetzen will, braucht man vorher eine – oft langfristig vorbereitete – Bewußtseinsbildung in der Gesellschaft. In der Abrüstungsfrage konnte es keine Fortschritte geben, solange die Debatte um die Stationierung von neuen Mittelstreckenraketen in Europa nur von ein paar hundert Fachleuten in ganz Deutschland verstanden wurde.

Neue Konsumstile können nicht vom Bundeskabinett verordnet werden, sondern müssen Schritt für Schritt im Alltagswissen, im Alltagsbewußtsein, in der Alltagspraxis der Bürger durchgesetzt werden. Die Interessen von ausländischen Arbeitern oder alten Menschen, die in den Sanierungsgebieten der großen Städte leben, werden so lange nicht berücksichtigt werden, solange diese Menschen nicht konfliktfähig geworden sind und so lange sie keine Mitbürger gefunden haben, die für sie einstehen.

Solche Bewußtseinsprozesse können nur über demokratische Massenorganisationen durchgesetzt werden. Sie gehen meist aus von kleinen Zirkeln, sie kommen aus kleinen Netzen. Dort werden alternative Lebensformen vorgeführt, polemisch gegen die Lebensformen der Mehrheit gesetzt. Aber die Gesamtkultur kann nur durch »Halbwegs-Positionen«[45)] modifiziert werden, durch programmatisch und praktisch nicht zu stark überfordernde Initiativen, die von Massenorganisationen übernommen werden können.

Massenorganisationen sind wie große Tanker; ihr Kurs ist nicht durch Zuruf zu ändern. Sie sind nicht so beweglich wie die kleinen Boote, die im Hafen umherschwirren. Aber man kann mit ihnen große La-

dungen transportieren. Die deutsche Sozialdemokratie ist so ein großer, schwerbeweglicher Tanker. Es ist sehr wichtig, daß er seetüchtig gehalten wird.

Dies bedeutet: Die SPD *als Partei* muß in den achtziger Jahren viel von dem aufnehmen, was in den neuen sozialen Bewegungen der siebziger Jahre entstanden ist. Sei es im Feminismus, sei es in der Alternativbewegung, sei es unter den Überschriften »ökologisches Bewußtsein« oder »Sensibilisierung«. Sie wird nichts davon in reiner Form in die Wirklichkeit umsetzen können. Deswegen ist es übrigens ganz legitim, daß viele der Insassen der »kleinen Boote« niemals auf den »Tanker« umsteigen wollen. Aber dieses Neue könnte sich nie durchsetzen ohne die Vermittlungstätigkeit der Massenorganisation. Und umgekehrt: Die Massenorganisation müßte erstarren und in sich zusammenfallen, wenn sie sich von den Bedürfnissen und Sehnsüchten der Menschen abriegeln würde.[46)]

5.

Die Sozialdemokratie versucht zur Zeit, den Staat nicht aus den Händen zu lassen und gleichzeitig die verpuppten Wünsche aus der Gesellschaft aufzunehmen, wenigstens zu diskutieren, hin und her zu wenden und vielleicht in Politik umzuwandeln. Kein Wunder, daß sie sich dabei winden und verrenken muß.

Natürlich kann ich keine endgültigen Beweise da-

für beibringen, daß eine Zerlegung unseres Parteiensystems zur Herrschaft eines gemäßigt autoritären Regimes führen wird; die Idee, einmal Holland zu spielen und das alte Parteiensystem zu sprengen, ist ja auch zu verführerisch. Aber alles, was ich sehen kann, deutet darauf hin, daß ein Zerfall der Sozialdemokratie die Chance, mittlere Schichten Schritt für Schritt und mit viel Überredung für Kompromisse zu gewinnen, die den unteren und untersten Schichten zugute kommen, dann auf Null reduziert würde. Auf der Linken werden sich dann immer wieder Hasardeure oder einfach unerfahrene Idealisten durchsetzen, mit Aktionen, die für brutale Reaktionen von rechts Legitimation schaffen. Im Volk würde der Fatalismus wachsen, jene vitale Form von Privatismus, die im deutschen Kleinbürgertum seit der gescheiterten Revolution von 1848 Tradition hat und in der Arbeiterschaft seit dem Sozialistengesetz. Es ist eine Haltung nach dem Motto: Macht ihr euren Staat alleine, und wir kümmern uns um uns und unsere Familie. Die Mutter Wolffen des *Biberpelz* ist die proletarische Verkörperung dieser Haltung, der Cajetan Lechner in Feuchtwangers *Erfolg* die bürgerliche.

Deutschland: Was sind in diesem Land in den letzten fünfzig Jahren an »Ausbruchsenergien« (Kluge/Negt) durch zwei Kriege kaputtgeschlagen worden? Wer kann sich über massenhaften Passivismus wundern nach dem, was über die kleinen Leute alles hinweggegangen ist? Wenn man sich nur einmal deutsche Geschichte seit 1945 überlegt, und zwar von unten: Zuerst haben die Politiker gesagt, daß jedem, der noch ein Gewehr anfaßt, die Hand abfallen soll; und

keine fünf Jahre später haben dieselben die Wiederbewaffnung Deutschlands angeboten. Zuerst wurden alle alten Nazis, auch viele von den schlimmen, wieder auf ihre alten Posten gesetzt; und nach dreißig Jahren kamen dann die Majdanek-Prozesse. Und auch die Linke: Als sie, nach langen zwanzig Jahren, an die Macht kam, versprach sie mehr, als sie halten konnte. Die Studentenrevolte Ende der sechziger Jahre war sozusagen das Ende des bürgerlichen Zeitalters; aber der Marsch der Jungen durch die Institutionen endete, bei Gott auch durch ihre eigene Schuld, in schrecklicher Ernüchterung – und nun sind auch noch die Jungen, auf die vor zwanzig Jahren alle gehofft hatten, resigniert. »Vielleicht ist es einfach nur dies«, singt Peter Rühmkorff: »Mein Herz zieht allmählich die Geier an / wer links kein Land mehr sieht, / für den rast die Erde bald / wie ein abgeriebener Pneu auf die ewigen Müllgründe zu.«

Ich mache mir klar: Die Konservativen haben selbst unter Strauß, dem bei weitem abschreckendsten Kandidaten, den sie sich aussuchen konnten, 45 Prozent der Stimmen bekommen. Die deutsche Nation als »überwölbende Idee« hat Hitler endgültig zerstört. Er hat es so weit getrieben, daß die Deutschen überhaupt unter einer historischen Neurose leiden; wir alle verdrängen unsere Geschichte, die Linken genauso wie die Rechten. Schließlich hatten wir uns auf so solide und berechenbare Fortschrittsmaßstäbe festgelegt wie das jährliche Wachstum des Bruttosozialprodukts; und nun soll damit auch Schluß sein. Da darf man sich über die Segmentierung unserer Gesellschaft nicht mehr wundern, also über das

Auseinanderfallen in mehr oder weniger abgeschottete, jedenfalls voneinander einigermaßen separierte Subkulturen.

Können wir mit dieser Situation fertigwerden? Angesichts der mächtigen Welle des Neokonservativismus, die aus Amerika und England zu uns herüberschlägt und die im Katzenjammer enden muß, und angesichts des ungeheuer hoffnungsgeladenen, aber ein wenig archaischen Sozialismus, der sich gerade in Frankreich durchgesetzt hat, bekommt man gemischte Gefühle. Wir befinden uns ohne Zweifel in einer tiefgreifenden Kulturkrise, und unsere Kondition ist in dieser Situation, um einmal in der mächtigsten Terminologie unserer Zeit zu reden, nicht gerade die beste.

Nehme ich das Maul zu voll? Schon Husserl sprach von einer europäischen Kulturkrise. »Irgendeine Sünd- oder Sintflut ist immer vor der Tür, aber dabei leben die Menschen vergnüglich weiter und backen Hochzeitskuchen«, sagte der alte Fontane. Aber mit märkischer Gelassenheit ist nicht mehr viel auszurichten.

Mir sind die aufgeregten Unheilspropheten genauso zuwider wie allen anderen professionellen Politikern. Sie putschen die Stimmung hoch; und am Ende entsteht ein Klima, in dem Kompromisse unmöglich werden. Unbestreitbar sind aber heute, auch wenn man die Befürchtungen der Hypersensiblen alle beiseite läßt, die folgenden schlichten Tatbestände:

Erstens: Die moderne Waffenentwicklung steuert auf einen Punkt zu, in dem der Krieg als technischer Zufall immer wahrscheinlicher wird. Wenn sich – bei-

spielsweise in Europa – Waffensysteme gegenüberstehen, die nur noch ein paar Minuten Vorwarnzeit haben, dann ist das berühmte rote Telefon keine wirksame Gegenkontrolle mehr für den Fall, daß irgendeine Elektronik versagt. Zwar rechtfertigt dies alles keineswegs die Hoffnung, daß nun plötzlich absoluter Friedenswille ausreicht, mit der Hochrüstung in Ost und West fertigzuwerden. Aber das unbeeindruckte Jonglieren mit irgendwelchen Drohpotentialen, das phantasielose Beharren auf dem Realismus von gestern wird tatsächlich lebensgefährlich. Es wächst die Wahrscheinlichkeit, daß irgendwo in Minuten, noch bevor die meisten von uns Gelegenheit hatten, ihr Telefongespräch zu beenden und ihren Aktendeckel zuzumachen, ein paar hunderttausend (wenn wir Glück haben) oder ein paar Millionen Tote daliegen. Das ist gegenüber den Jahren und Jahrzehnten, in denen wir uns im Gleichgewicht des Schreckens geborgen fühlten, eine doch sehr neue Situation.

Zweitens: Unbestreitbar ist auch die Erkenntnis, die uns das letzte Jahrzehnt eingebleut hat: Die Natur ist endlich. Wahrscheinlich sind die meisten Prognosen über die Rohstoffvorräte keinen Pfifferling wert; und möglicherweise reicht das Nutzholz noch hundert Jahre länger als in allen Computermodellen angenommen. Daß die Erde aber einen quälenden Tod stirbt, wenn die Länder der sogenannten »Dritten Welt« irgendwann genauso verschwenderisch mit den Ressourcen umgehen wie wir, das steht außer Zweifel. Und außer Zweifel steht auch, daß die meisten von ihnen wild entschlossen sind, genau dies zu versu-

chen. Das Notwendige dazu hat Enzensberger in seinem Essay »Eurozentrismus wider Willen«[47] gesagt.

Ich verfalle jetzt nicht in Panik und sage: Entweder ändern wir alle bis zum nächsten Jahresbeginn unser Leben oder wir gehen zugrunde. Dann könnten wir uns nämlich gleich aufs Zugrundegehen einrichten; die Lebensformen und der Lebensstil von Millionen und Abermillionen von Menschen ist weder in einem Jahr noch in einem Jahrzehnt radikal zu verändern. Nur ist eindeutig, daß wir in Zukunft mit der Entfesselung der Produktivkräfte – nach kapitalistischem und nach sozialistischem Muster – nicht mehr weitermachen können. Das löst in allen Industriegesellschaften scharfe Konflikte aus, und zwar auch dann, wenn man bei weitem nicht so exzentrisch ist wie die Grünen.

Drittens: Wir stehen vor einer neuen ökonomischen Konstellation. Anfang der siebziger Jahre gab es in der deutschen Sozialdemokratie den Streit, ob man wirtschaftliches Wachstum haben wolle oder nicht; der Streit ist entschieden: Die lange Wachstumsperiode der westlichen Industriegesellschaften nach dem Zweiten Weltkrieg ist beendet, unabhängig von dem, was die Protagonisten wollen. Die Gründe dafür sind komplex. Es gibt Tendenzen zu Marktsättigungen bei langlebigen Konsumgütern; die steigenden Energiepreise führen zu Kapitalmangel und Nachfrageausfall; es gibt in manchen Ländern und auf den internationalen Kreditmärkten wirtschaftspolitische Strategien, die diese ganze Entwicklung noch verstärken. Jedenfalls müssen wir uns mit einer neuen, strukturellen Arbeitslosigkeit auseinanderset-

zen, die es in den sechziger Jahren und Anfang der siebziger so nicht gegeben hat.

Viertens: Dies alles geht den Menschen unter die Haut. In Europa waren die letzten Jahrhunderte von dem Versuch des Menschen geprägt, die Geschichte zu planen und die Natur in den Griff zu bekommen. Heute ziehen viele einen Strich, bilden eine Zwischensumme und zweifeln an der Durchführbarkeit ihrer Projekte; immer mehr fürchten sogar, daß der Mensch sich in krampfhafter Selbstüberforderung rettungslos verbiegt. Der homo faber, der producteur, der maker und fabricator, all diese Leitbilder flößen den Menschen mehr Angst ein als Zuversicht. Der Glaube an den neuen Menschen ist fast vom Erdboden verschwunden; bis vor kurzem glaubten wir, er würde in China aufbewahrt. Aber davon kann nun auch keine Rede mehr sein.

Die Reaktion auf diese Bedrohungen nenne ich die Kulturkrise, die Europa erfaßt hat. Die Bastionen der Aufklärung werden genauso berannt wie die der Technik; und die Aufklärer und die Techniker sind keineswegs unschuldig an dieser Belagerung. Sie waren zu selbstsicher, zu phantasielos, zu gefühllos geworden. Und jetzt verlegen sie sich aufs Jammern.

Auf der rechten Seite gewinnt, wie gesagt, der Neokonservativismus an Boden. Die Wahlsiege von Margaret Thatcher und Ronald Reagan wurden mit einem Programm erstritten, mit dem Barry Goldwater oder Enoch Powell vor zehn oder fünfzehn Jahren vernichtende Niederlagen erlitten. Plötzlich ist das Eintreten für die Todesstrafe, der Kampf gegen die Gleichberechtigung der Frau, das Verbot jeder

Form von Schwangerschaftsunterbrechung und eine Politik der militärischen Stärke wieder mehrheitsfähig. Die Angst, die die Wirklichkeit bei den Menschen auslöst, führt auf dieser Seite des politischen Spektrums zu der verzweifelten Hoffnung, daß die Rückkehr zu den alten Tugendkatalogen, der Rückgriff auf die alten Leitbilder die gute alte Zeit wiederherstellen könnte. Nirgends ist dies deutlicher geworden als in den Vereinigten Staaten, wo der neue Präsident einfach auf den kollektiven Traum ständiger Erneuerung, auf die Identität des »do it yourself« und des selfmademan zurückgegriffen hat. Dieser Neopopulismus arbeitet – und zwar mit ungewöhnlichem Erfolg – mit dem Mittel der Symbolmanipulation: Den Leuten wird, überspitzt ausgedrückt, die Rente zusammengestrichen, aber es wird ihnen dafür das Gefühl vermittelt, sie gehörten wieder der stärksten und größten Nation der Weltgeschichte an. Reagan rief zu einem »nationalen Kreuzzug« zur Wiederherstellung der Größe der Vereinigten Staaten auf. »Ich glaube fest daran«, sagte Reagan, »daß ein göttlicher Plan dieses Land zwischen den beiden großen Ozeanen ausgebreitet hat. Und es ist unser Schicksal, es so zu gestalten, daß es für die ganze Menschheit strahlt, eine schimmernde Stadt auf der Anhöhe.«[48)] Der Abglanz dieses Schimmerns dringt längst auch fahl nach Deutschland und ermutigt die deutschen Konservativen.

Dieselbe Möglichkeit, die die einen zu den Vätern zurücktreibt, löst bei den anderen eine neue Form von politischem Existentialismus aus. Die Studentenbewegung ist auseinandergetrieben worden, die aus

der Studentenbewegung entstandenen K-Parteien sind zerfallen, und die kollektive Erfahrung von Mißerfolg und Enttäuschung führt nun bei vielen zur Verachtung des politischen Betriebs, zur achselzuckenden Abwendung von den großen Organisationen und zu einem seltsamen moralischen Fundamentalismus.[49] Auch hier wird die Politik leicht zu einem Kampf zwischen gut und böse, Meinungsunterschiede werden vorschnell moralisiert und Güterabwägungen als charakterlos verworfen. Immer mehr junge Leute, insbesondere aus den Mittelschichten, werden von dieser Haltung angesteckt und fallen so als Mitstreiter im Alltag der Reformpolitik aus.

Die reformistischen Arbeiterparteien, die Gewerkschaften, die linksdemokratischen Parteien als Weltkind in der Mitte? Es wäre zu einfach, wenn man sie zum letzten Hort der historischen Vernunft hochstilisieren wollte. Ja, sie hängen irgendwo in der Mitte und geraten zwischen die Mühlsteine, sie sind in der Defensive. Aber natürlich nicht ohne erhebliche eigene Schuld. Sie haben unter dem Druck der internationalen wirtschaftlichen Krise, auch unter dem Druck der innergesellschaftlichen Dynamik einen Teil ihrer Bindungswirkung verloren; zum Beispiel, weil sie sich zu oft zum »Realitätsgaranten« haben machen lassen. Jetzt geraten sie in die bewußte »Zangenbewegung«.

Ich habe schon mehrfach von der Tendenz zur Segmentierung, Aufspaltung und Aufteilung unserer Gesellschaft gesprochen. Ich meine beispielsweise den Rückzug einzelner Gruppen in eigene, mehr oder weniger abgeschottete kommunikative Welten. Der Angehörige der Berliner Szene, der über die Bundesre-

publikaner nur noch aus der TAZ informiert wird, ist ein besonders eindrückliches Beispiel für diese Entwicklung; die Mercedes-Politiker, die mit ihren Fahrern und Sicherheitsbeamten leben, oder die golfenden Rentiers aus dem Jet-Set sind andere. Aber es gibt auch weniger radikale, weniger exotische Beispiele solcher Selbstisolierung. Alte Menschen, die sich nur noch dem in Geschichtenform aufbereiteten Leben aus dem Fernsehapparat aussetzen, gehören auch dazu.

Noch mag man das alles als interessante Randerscheinung unserer gesellschaftlichen Entwicklung verbuchen. Wir werden damit fertigwerden. Aber es fällt eben auf, daß die, die das Parteienwesen auflokkern wollen, immer häufiger werden. Es fällt auf, daß es inzwischen in der Bundesrepublik auch schon bei den Linksliberalen Mode wird, von »freien« Rundfunkanstalten zu fabulieren, in denen sich jede einzelne Gruppe schlicht und einfach selbst darstellen kann und die Rundfunkanstalten vom Zwang der Integration unterschiedlicher Meinungen befreit werden. Es fällt auf, daß der schärfer werdende soziale Konflikt die alten Forderungen nach Richtungsgewerkschaften wieder belebt. Vom rapiden Wachstum der Sekten, also vom Verfall der großen Integrationskirchen, gar nicht zu reden.

Ich weiß, daß sich hier *auch* eine nur zu verständliche Opposition gegen die Fehlentwicklungen bei den Großorganisationen niederschlägt. Aber man muß genauso den wachsenden Unwillen vieler Menschen registrieren, Gegensätzliches, Fremdes, Sperriges überhaupt aufzunehmen. Das Land gerät in eine

Stimmung, in der der Kompromiß immer fragwürdiger zu werden scheint.

Klarheit, Wahrheit, Eindeutigkeit – der neue Zeitgeist dringt durch alle Ritzen. Die Jungen benutzen das Wort Glaubwürdigkeit, die *Frankfurter Allgemeine* spricht von Führung. Die Sehnsucht nach klaren Fronten geht durch alle Lager. Hoffentlich sind sie nicht bald so klar, daß Tote auf den Straßen liegen bleiben.

Mein Eindruck ist, daß in vielen Gruppen der deutschen Gesellschaft die Bereitschaft zum geduldigen Aufdröseln der Probleme schwindet. »Zum Zerhauen ist der Knoten, langsames Nisteln hilft nichts«, sagen sich viele mit Novalis – auch wenn sie von Novalis noch nie etwas gehört haben. »Doppelbeschlüsse« werden immer mehr in Hohn und Spott ertränkt. Wenn Doppelbeschlüsse eine doppelte Moral signalisieren, wenn sie ohnmächtige Formelkompromisse sind, dann ist es ja auch gerechtfertigt, sie zu verachten. Aber die modische, giftige, pathetische Lust am Stromlinienförmigen, die gängig werdende Diffamierung des Kompromisses als Opportunismus kann einem Angst machen. Machen wir uns klar: Wenn die Bitterkeit sich entlädt, die hinter den neuen Konflikten unserer Gesellschaft steckt, dann wird der relative innere Friede der letzten Jahrzehnte dahin sein. Auch damit kann man leben, wie viele unserer Nachbarländer zeigen. Aber jedes Opfer, das dann auf der Straße liegenbleibt, jeder Benno Ohnesorg, der irgendwo erschossen werden sollte, wird lange fortwirkenden Haß erzeugen; und die Deutschen sind, auch wenn sie hassen, gründlicher als andere Völker.

In dieser Situation muß die Sozialdemokratie versuchen, die Bindungswirkung gegenüber unterschiedlichen, auseinanderdriftenden Gruppen zurückzugewinnen – und dadurch der Fragmentierung der Gesellschaft entgegenzuwirken. Dazu muß sie über die wirtschaftliche Interessenvertretung ihrer Zielgruppen hinaus. Sie muß deutlich machen, daß sie ihre historischen Erfahrungen verarbeitet hat und in der Auseinandersetzung mit den neuen Konflikten eine neue »Identität« entwickelt. Da der Nationalstaat des 19. Jahrhunderts tot ist und man sich von seiner Erweckung auch nichts versprechen kann, kann dies nur eine europäische Identität sein. Es ist die Identität einer sozialen Bewegung, die ihre Erfahrungen aus zwei Weltkriegen, ihre Erfahrungen mit dem Faschismus und dem Stalinismus, ihre Erfahrungen mit einem ungebremsten und mit einem stärker gebändigten Kapitalismus gemacht hat. Zu dieser Identität, zu dieser Form der Selbstgewißheit, gehört zum Beispiel das unmodern gewordene, dem Zeitgeist widersprechende, in der Konfrontation von Pazifismus und Expansionismus gefährdete Leitbild der Entspannungspolitik.

Die Europäer haben die Erfahrung gemacht, daß Krieg nicht nur zur physischen Zerstörung des eigenen Landes führen kann, sondern auch zur Zerstörung des inneren Kompasses eines Volkes. Rotterdam, Coventry, Leningrad, Stalingrad, Dresden, Oradour und Auschwitz sind europäische Orte. Wir dürfen uns nicht hindern lassen, aus unserer Geschichte zu lernen.

Deswegen haben wir ein tiefes Mißtrauen gegen

jedes Streben nach militärischer Überlegenheit. Wir wissen, was es heißt, Krieg im eigenen Land zu haben, was fremde Okkupation bedeutet und was Diktatur ist. Wir Deutschen besonders. Deutschland ist das einzige Land der Welt mit Transitstrecken, Luftkorridoren und Passierscheinen. Diese Erfahrungen – und unsere eigene, zum Teil schuldbeladene Vergangenheit – zwingen uns, das Paradigma der Entspannungspolitik unter keinen Umständen preiszugeben und in unserem Bündnis eine eigene, auf Abrüstung drängende Rolle auf uns zu nehmen.

Eine Rechtfertigung für machtferne Phantasien von einer »dritten Kraft« Europa ist dies allerdings nicht. Die Griechen konnten den Römern auch nicht davonlaufen. Und wie der jüdische Krieg endete, ist bekannt: Titus zerstörte den Tempel. Im polnischen Konflikt der Jahreswende 1981/82 wurden diese brutalen Wahrheiten erneut bewußt.

Zur europäischen Identität gehört auch die ökologische Erfahrung, daß ein begrenztes, ein kleines Land so vollgepflastert werden kann mit Straßen, Fabriken und Betonburgen, daß die Natur erdrückt und die Umwelt für den Menschen lebensunwert werden kann. Europa hat, anders als die Vereinigten Staaten oder die Sowjetunion, keine großen leeren Landstriche, keine Wüsten, keine dünnbesiedelten Waldgebiete, kein Sibirien, kein Alaska. Im europäischen Sozialstaat ist es deshalb drängender, rücksichtslosem Industrialismus durch Verbote und Gebote Fesseln anzulegen und um einen Ausgleich zwischen ökonomischen und ökologischen Interessen zu kämpfen. Für die Europäer ist dieser Kampf aktueller, lebens-

bestimmender als für Amerikaner, Russen, Afrikaner, Australier.

Überhaupt, der europäische Sozialstaat. Seit der großen Weltwirtschaftskrise zu Anfang der dreißiger Jahre wissen wir, daß Armut und Not die Massen nicht revolutionieren, sondern demoralisieren.

Wahrscheinlich wissen das die Leitartikler der Kapitalseite auch. Ihr moralisierend-mokantes Gerede über die »Wohltaten« des Sozialstaates, die nun endlich wieder eingeschränkt werden müßten, spekuliert auf eine Schwächung der Macht der Gewerkschaften.

Die Herren sollten ihre Spekulationen noch einmal überdenken. Zwar ist die Hoffnung der extremen Linken auf die Freisetzung revolutionärer Kräfte durch Massenelend illusionär; aber auch der Glaube, daß soziale Unsicherheit und Abhängigkeit sozusagen automatisch die Unterordnung unter die Arbeitstugenden des alten Industrialismus zurückbrächte, ist unrealistisch. Wenn die Grundpfeiler des Sozialstaates angetastet würden, entstünde eine Atmosphäre der unkontrollierten, kleinen Aggressionen. Und auch die stören – um in der Sprache dieser Leitartikler zu reden – »das Investitionsklima«.

Ich bestreite nicht, daß es notwendig werden wird, bei manchen sozialen Diensten die übersteigerte Bürokratisierung und Professionalisierung abzubauen. Und ich kann mir auch vorstellen, daß im deutschen Sozialstaat der siebziger Jahre mehr Kuren verschrieben wurden, als in den achtziger Jahren zu bezahlen sein werden. Aber jeder Rückfall in die Ideologie des großen, starken Einzelnen, jeder Versuch, die großen Lebensrisiken zu reprivatisieren, würde eben zu nicht

mehr beherrschbaren sozialen Grabenkämpfen führen. Die planende und vorbeugende Verhinderung von Not und Elend – insbesondere also die vorbeugende Bekämpfung von Massenarbeitslosigkeit – sind unersetzliche Elemente eines europäischen Weges. Wer das, was die Arbeiterbewegung in den letzten 120 Jahren in mühseligen kleinen Schritten erkämpft hat, preisgeben wollte, der streicht im Effekt diesen alten Kontinent von der politischen Weltkarte.

Noch hat Europa eine Chance, Subjekt in der Geschichte zu bleiben. Aber dazu müssen die Europäer die Kluft überwinden, die zwischen den Kerntruppen des Industrialismus, dem »produktivistischen Leistungskern«[50)] der Industriegesellschaft und den neuen Schichten entstanden ist. Und dies ist eben nicht nur der übliche Generationskonflikt; es ist eine tiefgehende Auseinandersetzung um die Fortschritts- und Akkumulationsethik, die sich seit Descartes durchgesetzt hatte. Die erbitterten Auseinandersetzungen um besetzte Häuser in Berlin-Kreuzberg, um die Startbahn-West des Frankfurter Flughafens oder der Häuserkampf der Kraaker in Amsterdam sind Vorgeplänkel für einen zählebigen, hin und her flakkernden Bürgerkrieg – wenn sich nicht auf beiden Seiten der Barrikaden noch Leute finden, die die aufeinanderzurollenden, sehr ungleichen Heerhaufen aufhalten. In der Situation, die heute erreicht ist, ist das kalte Achselzucken der Sozialingenieure ebenso gefährlich wie die sentimentale Verbissenheit der Vorortkämpfer.

Die Versuchungen, den einfachen Weg zu gehen, sind groß, auch für Sozialdemokraten. Man kann sich

in der Übereinstimmung mit Millionen von Menschen, auch mit Millionen von Arbeitern geborgen fühlen, wenn man die Regelübertretungen und Rechtsbrüche der protestierenden Minderheit auf sozusagen klassische Weise – durch unnachsichtigen Einsatz der Staatsgewalt – beantwortet. Nur wird das viele Idealisten zu Terroristen machen und eine weitere Militarisierung des Staates erzwingen. Warum, fragt man sich, schauen die Leute nicht einmal um sich? Warum denken sie nicht darüber nach, wie die Straßenkämpfe in Berlin oder Frankfurt aussehen werden, wenn sich erst einmal die stellungslosen ausländischen Jugendlichen dort einmischen? Warum schaut keiner nach Irland, einem Nachbarland, in dem das Modell eines sinnlosen Bürgerkrieges besichtigt werden kann? Worüber die Nachgeborenen am meisten den Kopf schütteln werden, das ist unsere Phantasielosigkeit.

Den geschichtlichen Erfahrungen der europäischen Demokratien entspricht es, in diesen Konflikten auf Vermittlung und rechtzeitige wertorientierte Diskurse zu setzen. Wir müssen dafür sorgen, daß der Staat nicht bramarbasierend auftritt. Wir müssen versuchen, über die Parteiungen hinweg, ein Bündnis gegen die Gewalt zustande zu bringen und die eigenen Leute zur Geduld zu zwingen. Im Alltagskampf heißt das dann: den Grundsatz der Verhältnismäßigkeit der Mittel wahren. Es aushalten können, wenn man von den zeitgenössischen Catos flammend des »Rechtsbruchs« geziehen wird.

Es heißt aber auch, daß der Staat, dieses Produkt der neueren europäischen Geschichte, die »wunder-

bare Armatur« (Carl Schmitt), die die Menschen sowohl schützen als auch unterjochen kann, nicht preisgegeben werden darf. Wo immer militante Konflikte vermieden werden können, sollten sie vermieden werden; keine Heldenposen am falschen Platz. Allerdings gibt es Auseinandersetzungen, die plötzlich symbolischen Charakter bekommen.[51)]

Weicht der Staat in ihnen zurück, wird sein Gewaltmonopol gestört. Dann entstehen die ersten Bürgerwehren; und man kann sich leicht ausrechnen, wer da dann den kürzeren zieht: die kleinen Leute.

Wie können wir heute eine »Zusammengehörigkeitsstruktur« schaffen? Die Europäer werden in den letzten zwei Jahrzehnten des 20. Jahrhunderts ihre Rolle nicht in der Machtpolitik finden; aber vielleicht in der Vermittlung der »Erbschaft dieser Zeit« (Bloch) mit der instrumentellen Vernunft von Effizienz und Optimierung?

Eine neue europäische Romantik wäre ohne Überlebenschancen. Gegen den scheinbar neuen, in Wirklichkeit aber schon in der Jugendbewegung hervortretenden Gemeinschaftsradikalismus sollten wir uns als Erben der europäischen Geschichte das Ethos der Gesellschaft bewahren, also das Verständnis für die Notwendigkeit von Technik, Politik und Diplomatie und eine Gefühls-Kultur, die die Hygiene des Takts und die Kunst des Nichtzunahetretens und Nichtzuoffenseins gelten läßt.[52)] Und ökonomisch muß man wissen: Das »Aussteigen«[53)] aus der arbeitsteiligen Industriegesellschaft endet am Monte Verità; also entweder in der luxuriösen oder auch der lumpenproletarischen Absonderung von kleinen Minderheiten.

Die einzig gangbare Strategie heißt: aktiver Strukturwandel mit dem Ziel einer spezialisierten Industriekultur. Die Frage ist, wie weit es uns gelingt, dem Wuchern des ökonomischen Prinzips, der blinden Verwertung technischer Innovation Einhalt zu gebieten.

Denn der Versuch, den europäischen Völkern ganz und gar die Logik der Akkumulation aufzuzwingen, ist heute genauso illusionär wie die Rückführung der Massen in eine Romantik der kleinen Form oder einen neuen Kult der Natürlichkeit. Wer die Deutschen, die Italiener, die Engländer oder Franzosen so pressen wollte, wie die Japaner sich – auf der Grundlage ganz anderer religiöser Normen und Sozialerfahrungen – pressen lassen, denen würde good old Europe um die Ohren fliegen. Weder das japanische Bildungssystem noch das Modell der japanischen Arbeitsbeziehungen sind auch nur im Ansatz übertragbar. Deshalb sollten sich die Politiker und Industriellen, die mit glänzenden Augen von Matsushita oder Sony zurückkommen, im Zaum halten. Entweder wir finden einen eigenen europäischen Weg, der in einer neuen Form der internationalen Arbeitsteilung eine konsensfähige, hochspezialisierte technische Zivilisation schafft; das geht nur bei einer Koppelung von Produktivitätssteigerung, Humanisierung der Arbeit und Partizipation. Oder wir verschleißen uns in erbitterten, ermattenden und sieglosen Stellungskriegen zwischen den Spitzköpfen und den Rundköpfen unserer Zeit.

Wir haben es lange nicht kapiert; aber in Hiroshima ist die Epoche »prometheischer Euphorie« (Hans

Jonas) in die Luft gejagt worden. Das Selbstbewußtsein des individuellen Ichs, das sich in einem schrecklichen Kampf an die Stelle Gottes gesetzt hatte, gerät ins Wackeln. Immer mehr Menschen fürchten sich vor den unberechenbaren Folgen von Gen-Technologie oder Kernspaltung; sie wollen die Illusion abstreifen, daß man die eigene Endlichkeit überwinden könne. Zerbrechlichkeit, Schwäche und Leiden sollen nicht länger verdrängt werden. Man kann das alles »irrational« oder »dekadent« finden; aber man kann es nicht mehr achselzuckend übergehen. Es geht schlicht darum, ob es den Europäern gelingt, ihre Erfahrungen, ihre Angst, ihre Sensibilität und ihre spekulativen Begabungen noch einmal produktiv zu machen.

Europa würde sich zugrunde richten oder lächerlich machen, wenn es mit den Supermächten konkurrieren oder Japan spielen wollte. Die Sehnsucht ist alt. »Europa, dieser Nasenpopel / aus einer Konfirmanden Nase«, giftete Benn: »Wir wollen nach Alaska gehen.« Alaska ist keine Lösung. Aber vielleicht hat Europa eine Funktion als Gedächtnis dieser gefährdeten Welt. Man muß sich manchmal der Inhumanität des Gedankens aussetzen, daß der Faden der Erinnerung zerrissen wird. Nach dem dritten Krieg in diesem Jahrhundert würden von diesem Kontinent nur noch teilnahmslose, um die blanke Existenz kämpfende Bevölkerungsreste auf einem vernichteten Territorium zurückbleiben. Aber auch blinder Industrialismus, aus der Kontrolle geratende »neue« Bürgerkriege und entkräftende Klassenkämpfe in einer stagnierenden Wirtschaft können dazu führen,

daß die in Europa mühsam und opfervoll herausentwickelte Kategorie der Individualität verlorengeht.

Ich bin deshalb für scheinbar vergebliche Unternehmen. Für den Versuch zur Rettung Venedigs, die Verhinderung eines profitgesteuerten Kabelfernsehsystems oder die Erhaltung der Arbeiterkultur des Ruhrgebiets. Die Widerstandsenergien, die wir dabei entwickeln, halten uns über Wasser – vielleicht. Wir haben eine »Verantwortung für die geschichtliche Zukunft«. Wir müssen eine »Ethik des Überlebens«[54)] entwickeln; aber auch sie muß Elemente einer Brüderlichkeits-Ethik enthalten.

6.

Ich will nicht zu sehr vereinfachen; so manche Kritik an den modernen Massenorganisationen, den »Tankern«, ist nicht wegzustreiten. Es ist nichts Undemokratisches daran, wenn Menschen, die mit dem bestehenden System der Parteien und Verbände unzufrieden sind, Gegenorganisationen ins Leben rufen; im Gegenteil. Das Gejammere der verschreckten Linken von gestern ist oft genug larmoyant und lächerlich.

Aber die Situation ist nicht ungefährlich. Die Trivialmythen der Neokonservativen sind wirksam; und der neue Fundamentalismus frißt vor allem die Linke an. Der Staatsapparat ist verunsichert, das ist notwendig und problematisch zugleich. In einer Situation, in der sich die Linke auf langwierige und scharfe Klassenauseinandersetzungen vorbereiten müßte,

werden viele ihrer Anhänger von Endzeitstimmung erfaßt. »Das Wasser / floß aus den Wasserhähnen wie nichts / wißt ihr noch? Einfach betäubt / von unseren winzigen Gefühlen / aßen wir wenig. Hätten wir geahnt / daß das alles vorbei sein würde / in fünf Minuten, das Roastbeef Wellington hätte uns anders, ganz anders geschmeckt.« Enzensberger weiß, wovon er redet: von der »kurzen Geschichte der Bourgeoisie«.

In dieser Situation muß die neue, schwierig zusammengesetzte Sozialdemokratie Balance halten; der Tanker muß vorsichtig manövrieren. Die alte Solidarität der Arbeiterbewegung steht als Bindemittel nur noch in wenigen Industrierevieren zur Verfügung; die Gefahr des Psychodroms ist groß. Die SPD kann nur mehrheitsfähig bleiben, wenn sie eine *Partei* bleibt: eine auf Handlungsfähigkeit, Kontinuität und Interessendurchsetzung angelegte Organisation, und zwar eine Organisation, die von den Interessen der abhängig Beschäftigten, der Arbeit ausgeht.[55)] Wenn sie dagegen in den Fehler verfiele, die Eigenschaften einer »Bewegung« anzunehmen, die sich spontan um ein wichtiges Thema kristallisiert – offen für alle, durchlässig schnell beweglich, ohne feste Führungsstrukturen –, dann würde sie in der strukturellen Wirtschaftskrise, in die die Industriegesellschaften hineingehen, nicht bestehen können. »Dieses Sich-Unbrauchbarmachen für Macht . . . das macht ein Teil der Linken heute.«[56)] Die SPD muß diesem Drang widerstehen.

Kein Mißverständnis: Ich polemisiere nicht gegen die neuen sozialen Bewegungen. Sie greifen wichtige Themen auf; und zwar solche, die von den Großorga-

nisationen vernachlässigt worden sind. Ihre Offenheit, und ihre unkonventionelle politische Kultur sind mir oft sympathisch. Sie verteidigen Lebensinteressen und Lebenswelten, die im Prozeß der kapitalistischen Modernisierung unter die Räder geraten – und die die Sozialdemokratie oft nicht ausreichend schützt. Aber für eine harte, langwierige Machtauseinandersetzung mit den Konservativen und ihren Kapitalinteressen sind diese Bewegungen ungeeignet. Und auch für die Verteidigung gefährdeter und den Schutz reformierter Lebensweisen brauchen sie eine machtorientierte *und gleichzeitig kommunikative* Organisation, zu der die Sozialdemokratie sich unter Qualen zu entwickeln anschickt.

Deswegen wehre ich mich auch gegen den neuaufgeputzten Antiparteien-Affekt, der heute aufkommt. Das »Ende der Parteien« ist schon einmal besungen worden; Hans Zehrer und seine Freunde wollten den »Bund« oder gar den »Orden« als die künftig soziale Form für politische Aktivität. In diese Frontstellung sollten wir nicht wieder zurückfallen.

Die Parteien dürfen sich nicht abschotten gegenüber den sehr unterschiedlichen Wünschen der Bürger; insofern müssen sie viele Ideen und Sehnsüchte aufnehmen, abwägen und auch Forum für geistige und emotionale Auseinandersetzungen sein. Aber sie müssen gleichzeitig darauf achten, daß sie handlungsfähig bleiben. Ihr Spektrum muß breit, es kann aber nicht unbegrenzt sein. Wer miteinander handeln will, muß zuerst einmal miteinander reden können.

Realistische Erwartungen eines Sozialisten für die achtziger Jahre? Ich gehöre zur »Gerümpel-Genera-

tion«, wie Rolf Dieter Brinkmann die genannt hat, die kurz vor dem Krieg geboren wurden. Ich kann mir keine großen Hoffnungen abringen. Wenn wir den Rechtsstaat über die unvermeidbaren ökonomischen Krisen retten und den Sozialstaat konsolidieren, haben wir Glück gehabt. Andere Erwartungen wären verrückt. Aber wir werden den Rechtsstaat nur retten und den Sozialstaat nur konsolidieren, wenn wir das »Projekt der Moderne«, um mit Habermas zu sprechen, nicht fallen lassen wie eine heiße Kartoffel. So notwendig es ist, den ungeheuren Prozeß von Aufklärung und Rationalisierung, der um 1750 eingesetzt hat, kritisch zu analysieren und auf unmenschliche Nebenfolgen abzuklopfen, so illusionär wäre der Versuch zu einem Rückmarsch. Die Moralpredigten der Neokonservativen werden an der Wirklichkeit zu Geschwätz; die »Entdifferenzierungsparolen« der Rückzugsbewegungen ebenso. Die Sozialdemokratie, die als Kampforganisation der bedrängten Arbeiterschaft begonnen hat, wird nur überleben, wenn sie am Ende des 20. Jahrhunderts auch die neuen Schichten und die neuen Konflikte (in der kulturellen Reproduktion, der sozialen Integration, der Sozialisation) begreift und berücksichtigt. Aber sie muß eine Erbin der Aufklärung bleiben[57)]: Eine Organisation, die für das »freundliche Zusammenleben der Menschen«, wie Brecht Brüderlichkeit übersetzt hat, steht, für das kulturelle Experiment und die soziale Innovation[58)].

Realismus ist gut; aber Defaitismus lähmt. Die trotzige Hoffnungslosigkeit unter vielen prinzipiell reformerischen Politikern und Bürokraten in der Bundesrepublik, diese seltsame Mischung von Detail-

kenntnissen der Finanzverfassung, aggressivem Selbstmitleid und bodenlosem Praktizismus, wirkt abstumpfend und aktivitätshemmend. Die Konservativen können auch bei dürftiger ideologischer Ausstattung lange überleben, solange sie die Regeln des Handwerks beachten. Sozialisten kommen dabei unter die Räder.

Natürlich können sie nicht frisch, fromm, fröhlich und frei die ökonomische Modernisierung als Fortschritt zur Aufklärung und Vernunft feiern, aber sie dürfen sich auch nicht dem Relativismus ausliefern. Wenn ihnen das Vertrauen auf die praktische Vernunft und die Hoffnung, durch vernünftiges Argumentieren zum Konsens zu kommen, verlorengeht, werden sie über kurz oder lang zum Abdanken gezwungen. Die Alternative zur zwanglosen Einigung durch Reden – sei es im Konsens, sei es im Kompromiß – ist die Gewalt. Mit der können die anderen allemal besser umgehen.

Was heißt also für unsereinen, am Beginn der achtziger Jahre, demokratischer Sozialismus? Es heißt: Für die Bewegungsfreiheit des Menschen zu kämpfen, für den »Selbsteinsatz«, wie Fichte das genannt hat »als Gegenzug gegen die Passivität des Gelebtwerdens«, aber auch gegen die Ausbeutung, die es immer noch gibt, und für eine neue Aufmerksamkeit für die Beziehungen der Menschen zueinander. Im Sinne Tocquevilles: »Nun, schließlich habe ich mich davon überzeugt, daß die Suche nach einer absoluten beweisbaren Wahrheit ebenso ein Versuch zum Unmöglichen hin ist, wie die Suche nach dem vollkommenen Glück. Es ist nicht so, daß es nicht einige

Wahrheiten gibt, die die volle Überzeugung des Menschen verdienen; aber seien Sie versichert, daß es davon nur sehr wenige gibt. Für die unendlichen Mehrheiten der Bereiche, die wir notwendigerweise kennenlernen müssen, haben wir nichts als Wahrscheinlichkeiten und Annäherungen. Darüber zu verzweifeln, heißt verzweifeln, daß man ein Mensch ist.«[59)]

Subjekt und Sozialstaat

Zum Angriff der Alternativen auf die »SPD-Kultur«

Das Leben wurde immer gleichförmiger und unpersönlicher. In alle Vergnügungen, Erregungen, Erholungen, ja selbst in die Leidenschaften drang etwas Typenhaftes, Mechanisches, Statistisches, Reihenweises ein. Der Lebenswille wurde breit und flach wie ein vor der Mündung zögernder Strom. Der Kunstwille war sich schon selbst beinahe verdächtig geworden. Es hatte den Anschein, daß die Zeit das Einzelwesen zu entwerten beginne, ohne doch den Verlust durch neue gemeinschaftliche Leistungen ersetzen zu können. Das war ihr Gesicht.

Robert Musil, *Der Mann ohne Eigenschaften.*

1.

Am Ende der siebziger Jahre wurde die Sozialdemokratie für die außerparlamentarische, die »undogmatische« Linke auf neue Weise interessant – einerseits bedrohlich, andererseits auf unwillig-resignierte Art anziehend. Ein Jahrzehnt konnte man sie ignorieren; wegen ihrer zutage liegenden politischen Fehler, von der falschen Parteinahme im Vietnamkrieg bis zum Radikalenerlaß, vor allem aber im Namen eines tausendfältig interpretierten, hoffnungsbefrachteten »Marxismus«. Was immer unklar war, klar erkennbar erschien dieser Generation der Linken eines: der Verrat der europäischen, insbesondere der deutschen Sozialdemokratie.

Heute sind all die schönen Sicherheiten zersprungen. Diejenigen, die Bahro ins Zuchthaus sperrten, kann man nicht gut als Bündnispartner der Befreiung feiern. Chinas neue Politik, der Konflikt mit Vietnam, der Überfall auf »Kampuchea«, die Austreibung oder Flucht oder Ersäufung von Abertausenden Vietnamesen – all das macht ratlos. Die Parolen werden kleinlaut. Kalte Zeiten. »Den Marxismus«, schreibt Adam Pollens, »ergriffen wir als eine radikal kritische, radikal emanzipatorische Theorie. Und im Zuge seiner Anwendung haben wir Organisationen geschaffen, in denen eine elitäre, totalitäre Bürokratie, Keimzelle der erstrebten Diktatur, bis ins einzelne vorgebildet wurde; haben wir – je nach Standpunkt – die Mauer, die Stalinschen KZs, Einmärsche, Putsche, Gegenputsche, Entrechtung, Elend geleugnet, beschönigt, gerechtfertigt.«[1)]

Ob man aus den K-Kulturen kommt, sich als Veteran der APO in der neuen Beleuchtung zurechtfinden will oder der Spontigeneration entstammt: da liegt der unverdaute Block der Sozialdemokratie. Viel historische Erfahrung, historische Schuld, aber auch die große Leistung der Durchsetzung des demokratischen Wohlfahrtsstaates. Noch immer eine große Organisation, noch immer auch die größte Arbeiter-Organisation. Keine Rede von einer neuen Welle der Hoffnung auf diese Sozialdemokratie – nur: das Ignorieren ist schwerer geworden.

Das ist der geistige Hintergrund für eine neu aufkommende, *linke* Kritik des Sozialstaats, die in der Bundesrepublik zur Zeit hochkommt. Die »Basisbewegungen« und »Bunten Listen«, die die labile

Mehrheitsfähigkeit der sozial-liberalen Kräfte in der Bundesrepublik weit gefährlicher bedrohen als bisher die klassischen kommunistischen Parteien, haben ihrem Orientierungswechsel zu einer »Politik in der ersten Person« nicht nur einen anti-institutionellen[2)], sondern auch einen antistrategischen Zug gegeben. Er richtet sich gegen die Sozialdemokratie, und zwar ironischerweise mit demselben, allerdings zugespitzten Argument des individuellen Lebensrechts, das diese Sozialdemokratie jahrzehntelang gegen die kommunistische Geschichtstheologie verwandt hat – nur sollen die historischen Siege jetzt nicht nur der jeweils lebenden Generation zugute kommen, sie sollen *sofort* greifbar werden. »Die Bunten ... lassen sich nicht mehr auf das politische Rechts-Links-Schema ein: Der Fortschritt der SPD ist allemal für sie von einer Art, daß sie nicht mehr bereit sind, dafür persönliche Opfer zu bringen (und seien sie auch von der Art, daß man im Wahllokal doch noch einmal die SPD ankreuzt) und auf unmittelbare Veränderungen ihrer Lebensbedingungen und entsprechende direkte Forderungen zu verzichten.«[3)] Unmittelbare Veränderungen, direkte Forderungen ...

Das soziale Netz, so lautet der Vorwurf, sichert die Menschen nicht nur vor jähem Absturz – es fängt sie auch ein, umgarnt sie. Die Konstrukteure dieses Netzes aber sind die Sozialdemokraten. Helmut Lessing und Dieter Hoffmann-Axthelm sprechen direkt von einer »SPD-Kultur«, die zwar den zentralen Angriff auf die Organisation der kapitalistischen Wirtschaft vermeide (was ja wahr ist), aber die »Reproduktion der Individuen, nicht die herrschende ökonomische

Form ihres Lebens, sondern den individuellen Schatten« verstaatliche.[4)] Die Folge? Einerseits die »Zerschlagung konservativer Strukturen« alter Lebenszusammenhänge, unmittelbarer Beziehungen, andererseits die Beherrschung der Bürger: »Der Einzelne wird unwissend und bedarf des Staates.«[5)]

Die SPD baue – mit Hilfe von suchenden, auf Handeln, Selbermachen erpichten Menschen – neue Organisationsstrukturen (Betriebsräte, Gesamtschulen, Jugendwohngemeinschaften, Fachbereichsräte) auf, lasse dann aber, wenn die Bürger, Aktivisten, Pioniere weiter wollen – ihre Wünsche außer acht, um die neuen Organisationsstrukturen gegen Angriffe von rechts zu erhalten und verteidigen zu können. Die SPD sei auf Strukturen fixiert. Auf diese Weise entmutige sie die Menschen, die auf persönlicher Verwirklichung, auf eigenen Zielen, auf dem »Gebrauchswert« des eigenen Tuns beharrten. Das einzig Zukunftsträchtige aber sei, daß der einzelne mit seiner Subjektivität »auf Suche nach Praxis geht«, denn »dann ist da unter Umständen eine Freiheitserfahrung möglich, eine Chance, sich gegen den Arbeitsprozeß zu stellen, den Arbeitsprozeß sogar zu verleugnen und neue Lebensformen zu entwerfen, die – obwohl sie, vom Gesellschaftsprozeß her gesehen, irreal und nicht begründet sind – eben doch bestimmte Mobilisierungskraft und Zukunft haben, möglicherweise Zukunft haben«.[6)]

Es ist die Angst, daß das soziale Netz die, die es auffängt, fesselt.

2.

Auf diese Kritik, die in ihrer Substanz ja nicht neu ist – neu ist lediglich eine charakteristisch kulturanthropologische Umwendung der Argumente –, gibt es klassische sozialdemokratische Antworten. Sie sind plausibel und berechtigt. Ich warne trotzdem davor, es bei diesen Antworten zu belassen.

- Natürlich ist es falsch zu behaupten, der Sozialstaat oder die Sozialdemokratie hätten die alten sozialen Bindungen zerstört. Zerstört hat sie, bei allem Respekt, der kapitalistische Industrialismus, der die Menschen aus allen möglichen Ordnungen – Familie, Stand, Patronat, Heimat – herausriß und auf den Markt warf. Den langfristigen Trend einer Verlagerung direkt erbrachter Leistungen weg von Familie, Nachbarschaft, Freundschaft auf große Organisationen hat schon Tocqueville vorausgesagt.[7)]
- Die Einwände gegen die »SPD-Kultur«, von links formuliert, liegen millimetergenau neben den Vorwürfen der Konservativen von Biedenkopf bis Schelsky, die einerseits den Freiheitsspielraum des Bürgers durch den Sozialstaat eingeschränkt sehen und eine die Eigeninitiative tötende »Überbetreuung« konstatieren[8)], andererseits aber kein Sterbenswort darüber verlieren, wie denn der ungelernte Arbeiter oder die Witwe des Beamten aus dem mittleren Dienst auf einem »Markt der Gesundheit« ihre Interessen gegen Ärzte und Pharmaindustrie durchsetzen sollten, wenn man die »Überbetreuung« reduziert. Solche Argumente

reden von der Sorge um die Aktivität und Eigeninitiative des Bürgers, richten sich aber eigentlich gegen den Grad der Umverteilung durch den Sozialstaat – in wessen Interesse? Natürlich, ein Staat, der Pharmaindustrie und Gesundheitsdienst verstaatlicht hätte, hätte diese Probleme nicht. Hätte er notwendig besser versorgte und aktivere Bürger?

– Der Sozialstaat hat Abermillionen von Menschen vor den mörderischen Folgen der ständigen Revolutionierung der Produktion geschützt. Wenn eine Minderheit die Chance sucht, sich »gegen den Arbeitsprozeß« zu stellen, dann klinkt sie sich aus auf Kosten von Millionen, die weitermalochen müssen wie eh und je. Wer die Cleverness besitzt, die Nischen des Sozialstaats ausfindig zu machen, sollte sie nicht auch noch als Kanzeln benutzen, von denen aus gegen den Sozialstaat gepredigt wird.[9)]

Ich weiß, diese Art von Diskussion ist nicht originell. Von Rosa Luxemburg bis zu den zeitgenössischen Beschwörern der »Sozialstaatsillusion« sind es die gleichen Grundmuster: Der kapitalistische Staat kann nicht reformiert, sondern nur revolutionär »entschärft« werden. Dagegen das reformistische Grundmuster der antagonistischen Kooperation einer mißtrauischen, sich möglichst stark erhaltenden Arbeiterbewegung mit den großen Korporationen des Kapitals. Dieser Debatte ist kein Kapitel hinzuzufügen; wir haben sechzig Jahre Anschauungsunterricht hinter uns.

Aber wenn wir das grobe Mißverständnis beiseite lassen, daß »die Tatsache eines hohen Grades an sozialer Sicherheit selbst als Bedrohung der Freiheit«

interpretiert wird[10], wenn wir die alte, reparierende Sozialpolitik als (zumindest intellektuell) überwunden ansehen und die planende, integrierte ins Auge fassen, die ja weiß, daß, sagen wir, falsches Bauen Sozialfälle geradezu produziert – wenn wir also die falsche These von einer Art »zwangsläufiger Tendenz des Sozialstaats zum totalitären Zugriff der Apparate«[11] abgewehrt haben – müssen wir uns dann nicht selbstkritisch *der Art und Weise* zuwenden, wie wir unsere sozialen Dienste organisieren?

- Ist es nicht richtig, daß uns manche Gesamtschulen, die den Kindern aus unteren Schichten gleiche Chancen verschaffen sollten, zu kaum noch steuerbaren Großapparaturen geraten sind, bei denen eine Stundenplanänderung fast eine Umprogrammierung des Computers verlangt? Stimmt es nicht, daß wir die Reform – wie vom Stein oder Montgelas vor mehr als hundertfünfzig Jahren – von oben verfügt haben und nun allzuoft die Eltern in den Versammlungen vor uns sitzen wie verschreckte, aber gleichwohl maulende Untertanen?
- Ist es nicht richtig, daß wir das Problem des Alterns allzusehr als Einkommensproblem gesehen haben – das es bei Gott *auch* ist – und im übrigen alte Menschen häufig als Sozialfälle effizient verwalten – bis zum Tod? Erreichen wir mit unseren ewig gleichen Altennachmittagen und Altenfreizeiten nicht immer die gleiche, aktivere, besser gestellte Schicht der Alten? Tun wir Einsamkeit, das Gefühl der Nutzlosigkeit, den Verlust einer Lebensperspektive nicht kühl ab als »Privatsache des Einzelnen«?[12]

Zwei Beispiele aus zwanzig, fünfzig möglichen. Eine soziale Dienstleistung ist etwas anderes als eine Werkzeugmaschine made in Germany. Sie verlangt *die Mitarbeit der Betroffenen,* also auch seine Mitbestimmung. Eine Schulreform, die von Politikern und Bürokraten per Erlaß eingeführt wird, muß scheitern. Eine Jugendpolitik, die Freizeit durch Sozialarbeiter organisieren lassen will, wird keinen »Sinn« erschließen. In einem Altenheim mit perfektem Service kann man elendiglich zugrunde gehen.

Dies ist nicht nur der administrative Hinweis auf die gelegentliche Überprofessionalisierung und Überbürokratisierung der Sozialpolitik – ein Hinweis übrigens, der die Freien Träger als große Bürokratien genauso trifft wie den Staat. Es ist ein Hinweis auf *die außerökonomischen Motive des Menschen, auf seine weckbare Fähigkeit zu solidarischem Handeln, die die Konservativen ebenso leicht vergessen wie die technokratische Sozialdemokratie.* Es ist der Hinweis auf die Notwendigkeit bewußt planender Politik, die das Profitmotiv nicht in religiösem Eifer zu zerstören sucht, aber es eindämmt, einbaut, begrenzt.[13)]

Die Tendenz, Sozialleistungen abzubauen – oder den profitablen Teil sozialer Dienste zu privatisieren –, führte zurück in eine Gesellschaft, in der die Schwachen noch hinuntergestoßen werden. Solche Tendenzen, ob mit rechten oder linken Begründungen, müssen auf den Widerstand der Sozialdemokratie treffen. Aber sie darf sich nicht einbilden, daß es genügt, sich auf diesen Widerstand zu einigen. Sie muß neue Fragen – oder alte Fragen neu – stellen! Wo können die Zuteilungsbürokratien des Sozial-

staats durch dezentralisierte »Netze« ersetzt oder ergänzt werden? Wie kann man das Entstehen von »Sozialfällen« begrenzen? Wie kann verhindert werden, daß eigene kulturelle Praxis der Bürger durch geschäftige Kulturbürokratien erstickt wird?

3.

Der Vorwurf, die Bundesrepublik sei von einer erdrückend-allgegenwärtigen »SPD-Kultur« durchwirkt, kommt von den Interpreten der »jungen Generation«. Sie formulieren mit theoretischem Anspruch, was viele Zwanzigjährige fühlen, schmecken, mit ihrem ganzen Leben, wenn sie ihre Abneigung gegen die etablierte »Politik« auszudrücken versuchen.

Die Gefahr, daß die Führungseliten dieser Gesellschaft in geschäftiger Selbstisolation über die eigenen Kinder hinwegleben oder an ihnen vorbei, ist in der Tat groß. Aus alten Wochenschauen erinnere ich mich an Bilder von Brüning – und an die Art, wie er, vor dem tödlichen Ende der Weimarer Republik, ernsthaft, korrekt und intelligent zu einem Symbol des Unzeitgemäßen und zum Schluß auch des Lächerlichen wurde. Manche unserer zupackenden Manager mit ihren Aktenkoffern, Filzstiften und flipcharts, die Bordkarte der Lufthansa als Rangabzeichen in der oberen Rocktasche, haben im Symbolischen schon Brüningsches Format.

Ich zitiere einige vollständig richtige Beschreibungen von Julius Posener:

»Ich habe nicht den Eindruck, daß diese jungen Leute sich über ihr Zuhause Gedanken machen. Es scheint ihnen ziemlich gleichgültig zu sein, wo sie sitzen, solange die Wohnung ihnen Gelegenheit gibt, das zu treiben, was sie treiben wollen. Und das tut sie allerdings in keinem Falle. Haben diese Kinder Augen für das, was *wir* die Schönheit der Stadt nennen? Es sieht nicht so aus.

Ich war mit zwei solcher jungen Leute, die ich sehr gut kenne, vor kurzem in Münster in Westfalen und versuchte, sie auf dies und das aufmerksam zu machen, aber da gab es nur *eine* Reaktion: Langeweile. Sie wollten möglichst schnell wieder fort. In der Wohnung beanspruchen sie für sich das Recht, Musik zu hören (möglichst laut), und zwar harte Protestmusik: The Stones, Bob Dylan, The Doors – die Beatles nannte einer von ihnen Chorknaben.

Wogegen sie protestieren? Gegen den Zwang, den die Gesellschaft ihnen auferlegt, das Eigene auf irgendeine lange Bank zu schieben, die in Abständen mit Bescheinigungen bedeckt ist, die Schulbank eben, welche zu drücken ihnen sinnlos erscheint. Hierin sind die schlechten Schüler mit den Musterschülern einer Meinung, und diese Meinung ist nicht unbegründet. *Wir* empfanden bereits das gleiche, sogar vor 1914.«[14)]

Ich will die Schule, die zuwenig »Lebensraum« ist, nicht verteidigen. Aber ich schiebe als Frage dazwischen: Wo endete dieser damalige Aufstand der Jugend gegen die Zwänge des Industrialismus?

Posener schildert »die Jugend« – einen, wie er selbst betont, Ausschnitt, aber einen charakteristischen – weiter:

»Übrigens trinken sie, manchmal auch ein wenig viel, sie rauchen viel, sie nehmen ein wenig Canabis. Den Sex haben sie mit fünfzehn probiert und halten nicht überwältigend viel davon. Sie wissen nicht, was Zeit ist, es ist ihnen egal, wann sie schlafen gehen, wann sie aufstehen, wann sie essen. Es ist ihnen übrigens auch ziemlich egal, was sie essen. Sie gehen viel aus: in Diskotheken, ins Kino, in Lokale. Im Sommer bringen sie ganze Nächte am Ufer der Krummen Lanke zu . . .

Sie sprechen gern von kapitalistischer Ausbeutung, aber der Marxismus langweilt viele unter ihnen; und obwohl sie auf ihre Apparate so großen Wert legen, kann es geschehen, daß man von ihnen Ansichten hört, die an William Morris gemahnen. Fragt man sie, wo sie politisch stehen, so erhält man nicht selten die Antwort, daß die Anarchisten ihnen sympathisch sind. Übrigens – dies nur am Rande – wissen sie nicht schlecht Bescheid, und sie brauchen dazu keine ›verbotenen‹ Lehrer, da ihre Quellen ganz woanders liegen als in der Schule, was zeigt, wie dämlich die Berufsverbote sind: Die Jugend schützen, ja? Na, versucht mal . . .

Haben wir hier nicht eine städtische Kultur vor uns, und sollten wir nicht diese Jungen ermutigen, freilich, ohne sie belehren zu wollen? Ihre Ablehnung der Bildung ist, glaube ich, ein Indiz dafür, daß sie das andere besitzen, was *wir nicht* haben: Kultur.«[15)]

Wir sollten sie »ermutigen«. Und ohne Zweifel ist es richtig, daß die Gesellschaft der Bundesrepublik, in ihrem ziellos-toleranten Hedonismus der noch einmal Davongekommenen, zu wenig anbietet. Ich bin

auch einverstanden, daß wir nicht »belehren« – so als ob wir wüßten, wo's langgeht. Aber ein paar Erfahrungen, *unsere Erfahrungen,* sollten wir sehr grell, kompromißlos gegen ihre setzen.

Dies ist die zweite Generation in diesem Jahrhundert, die ihren Eltern vorwirft, das Wünschen verlernt zu haben. Wir haben die Verpflichtung, ihr zu sagen, wo die erste abgeblieben ist.

Diese Jugend, lese ich bei Posener, ist »rechtschaffen verzweifelt«. Vielleicht finden wir die Worte, ihnen zu sagen, daß man lernen muß, mit »Verzweiflung« und unerfüllten Wünschen zu leben; und daß das die Ausschläge des Unglücks mindert und das Hin und Her von Glück und Unglück erträglicher macht als der emphatische Versuch, den letzten Tropfen aus dem Stück Leben zu pressen, das man gerade unter den Händen hat. Was sie mit solchen Erfahrungen machen, wäre ihre Sache.

Unsere Lebensweisheiten sind abgestanden, ich weiß. Man muß versuchen, zu den Inhalten vorzustoßen.

Aber richtig bleibt – und wir müssen uns das vergegenwärtigen –, daß sich aus der politischen Enttäuschung, die am Ende der Apo und ihrer Nachläufer, Mitte der siebziger Jahre, stand, nun ein neuer Subjektivismus, ein neuer Rückzug auf das Ich, auf personale Beziehungen, auf »Gemeinschaft« – und eine Allergie gegen »Gesellschaft«, herausgebildet hat. Dieser Subjektivismus hat seine humane Berechtigung; in ihm stecken aber auch ein paar der dunkelemphatischen Elemente, die die erste Jugendbewegung dann der Hitlerei in die Arme getrieben hat.

Welchen Truppen, müssen wir uns fragen, werden die »Verzweifelten« sich anschließen, wenn die Doors und die Machines die Verzweiflung nicht lindern, was zu erwarten steht?

Es ist notwendig, die neue Aufmerksamkeit für das Subjekt und seine unmittelbare Rechte, die diese Jugendbewegung wieder nach oben spült, *politisch* aufzunehmen; gleichzeitig müssen wir aber dafür sorgen, daß die aufklärerisch-skeptischen Elemente der europäischen Erfahrung nicht erneut verlorengehen.

4.

Johanno Strasser hat genau dies präzis gesehen und auf die Sozialdemokratie projiziert. Die Alternativbewegung sei eine »ambivalente Strömung« mit durchaus reaktionären Ausfransungen, mit gelegentlichen Anklängen an Blut- und Bodenromantik und einer manchmal unübersehbaren Neigung zu autoritären Gesellschaftsmodellen. Eben wegen dieser Ambivalenz der Bewegung – so sagt er mit Blick auf die Sozialdemokratie – »stehen ihr viele Sozialdemokraten mit großer Skepsis, wenn nicht großer Ablehnung gegenüber. Sie befürchten, daß die – wie sie es sehen – romantische Schwärmerei für Geborgenheit in der überschaubaren Gemeinschaft, für die Stabilität gewachsener sozialer Bezüge nur allzu bald umkippen könnte in Intoleranz und autoritären Kulturdirigismus nach Art des staatlich verordneten Tanzes um die Dorflinde. Wenn sie auch die soziokulturelle Di-

mension des Problems der sozialen Sicherheit nicht rundheraus leugnen, so neigen sie doch dazu, dies ausschließlich als eine Frage der privaten Lebensgestaltung ... anzusehen.«[16)]

Was Strasser hier für die Sozialpolitik konstatiert – die »sozio-kulturelle Dimension des Problems« –, gilt auch für andere Politikbereiche. Wir müssen unsere Aufmerksamkeit der Frage zuwenden, wie eigentlich »Engagement«, politische, moralische, kulturelle Aktivität, der Wunsch und die Bereitschaft, sich für gemeinsam zu regelnde Angelegenheiten einzusetzen – anders ausgedrückt –, *politische Kultur* zustande kommt, und zwar in einer Situation, in der der Industrialismus (und der ihn humanisierende, kontrollierende Sozialstaat) einen so vielfältigen und wirksamen Apparat der Daseinsvorsorge geschaffen hat, daß die *primären* Zwänge zur Sozialität nahezu weggefallen sind. Wer sich in einem hessischen Dorf, sagen wir um die Wende vom 18. zum 19. Jahrhundert, »ausschloß«, abkapselte, der verhungerte oder verkam; in sardischen oder irischen Dörfern ist das noch heute so, und in sächsischen oder englischen oder norditalienischen Industriestädten des 19. Jahrhunderts war es im Prinzip nicht anders. Der Industrialismus hat inzwischen jedem von uns *die Freiheit* gegeben, ein isoliertes, einsames oder auf ein paar Menschen konzentriertes »privates« Leben zu führen, wenn wir nur einen Mindestbeitrag an Arbeit einbringen. Was tut diese Gesellschaft, daß diese unantastbare Freiheit nicht bei Millionen von Menschen in eine tote, sinnentleerte Passivität umschlägt? Denn zu aktivem Handeln, zu kooperativer Anstrengung,

zu gemeinsam-freiwilliger Arbeit ist nur derjenige bereit, der darin einen Sinn erkennen kann.

Wer den Mobilisierungsprozeduren der Nazis entronnen ist, die Tag und Nacht nach dem »ganzen Menschen« griffen, verteidigt kompromißlos ein *Recht* auf Passivität. Im Grundgesetz der Bundesrepublik Deutschland ist es garantiert. Dies muß so bleiben. Aber ist diese notwendige Neutralisierung *des Staates* eine Entschuldigung für die hilflose Zurückhaltung der gesellschaftlichen Organisationen?

Ich behaupte: Einer der Kardinalfehler der Sozialdemokratie nach Godesberg ist die Abweisung der Sinnfragen in die isolierte Privatsphäre nach dem Motto: Mit seinen seelischen Problemen muß jeder selber fertig werden. Auf seltsame Weise beherrscht die nachmarxistische SPD ein abgelebter Marxscher (oder besser: marxistischer) Ökonomismus.

Es ist nicht schwer, diese Haltung aus der Tradition einer Partei, die gegen brutale Bedrückung *durch die Außenwelt* geformt wurde, zu erklären; und aus der Biographie einer Führungsschicht, die sich mühsam aus den KZs Hitlers, der Emigration oder dem Krieg gerettet hatte. Aber die historische Erklärung taugt nicht als Rechtfertigung: die Zeiten, in denen die gesamte Klientel durch gemeinsame ökonomische Interessen zusammengeschweißt wurde, sind vorbei. Die blasse, in der SPD in linker und rechter Variante auftretende Rhetorik des »Arbeitnehmerseins« kann diese Tatsache nicht verdecken.

Es gibt nach wie vor eine starke Strömung in der Bevölkerung der Bundesrepublik, deren ökonomische Situation *und* deren politisch-kulturelle Tradi-

tion ihr ein Eintreten für die Sozialdemokratie selbstverständlich oder jedenfalls naheliegend erscheinen läßt. Sie sind in die soziale Auseinandersetzung hineingeboren worden oder wurden durch ihr Lebensschicksal auf diese soziale Auseinandersetzung hin orientiert. Durch gelebte Tradition oder Entschluß widmen sie einen gewissen Teil ihrer Aktivität und Lebenskraft einer sozialen Bewegung; das sind jene um die gewerkschaftlich organisierte Facharbeiterschaft und Teile der technischen und vermittelnden Intelligenz zentrierten Bevölkerungsgruppen, die die SPD als ihre »Stammwählerschaft« betrachtet. Mit all den Menschen, die sich an ihnen orientieren, bilden sie einen Block von vielleicht 30 oder 33 Prozent der Wählerschaft.

Nichts wäre törichter, als wenn die Sozialdemokratie diesen Kern ihrer Anhängerschaft vernachlässigte in dem Glauben, er wäre ihr sozusagen »sicher«. Gerade die einst selbstverständlichen, gefestigten kulturellen Traditionen der Industriearbeiterschaft sind zumindest am Rande und außerhalb der großen Industriezonen schon in einem gut erkennbaren Zerfallsprozeß. Aber viele dieser Menschen erwarten von ihrer Organisation heute noch keine »Begründung« für ihr Engagement; sie wissen, wohin sie wollen, und ihre soziale Existenz zeigt es ihnen Tag für Tag neu. Da die Mehrheit der mittleren SPD-Funktionäre nach wie vor aus diesen Gruppen kommt, neigt ein großer Teil der jeweiligen Führung der SPD dazu, dies als die »eigentliche« Sozialdemokratie zu empfinden.

Aber mit 30 oder 35 Prozent sind in der Bundesre-

publik keine Wahlen zu gewinnen. Ein Teil der Arbeiterschaft ist über die Kirchen an die Union gebunden. Viele Menschen sind durch Krieg, Vertreibung, durch die vom Industrialismus erzwungene Mobilität aus selbstverständlichen kulturellen Bindungen herausgerissen. Und man muß einkalkulieren, daß sehr viele Menschen es sich heute leisten können, gegen ihre Klassenlage zu leben, auch ein Ergebnis des vor allem von Sozialdemokraten und Gewerkschaften durchgesetzten Sozialstaats. Diese Menschen, vor allem aber ihre im wachsenden Wohlstand der fünfziger und sechziger Jahre aufgewachsenen Kinder tappen oft orientierungslos durch eine hermetisch wirkende Welt. Sie finden den Faden nicht, der sie durchs Labyrinth führt.

Wer sich ein realistisches Bild unserer Gesellschaft vor Augen führt, wundert sich darüber nicht. Viele der Kleinfamilien bieten ihren Kindern nur noch gute Verpflegung und unbelästigte Unterkunft. Es hilft nichts, wenn einer empört zurückfragt: Nur noch? Diese »Kinder« suchen etwas anderes.

Die Kirchen erreichen eine kleine Minderheit. Die erreichen sie wirksamer, »voller« als andere Institutionen. Die Berichte von neuer Frömmigkeit, die der Politisierung nicht widersprechen muß, sind beeindruckend. Aber der Impuls in die Bevölkerung ist quantitativ gering.

Die Universitäten, leider auch viele Schulen, haben ihr Erziehungs-Ethos aufgegeben und einen technischen Auftrag – die Förderung bestimmter kognitiver Qualifikationen – an dessen Stelle gesetzt. Diesen Auftrag *mußten* sie übernehmen; aber daß im not-

wendigen Umbruch der Institution das pädagogische Element verschüttet werden könnte, haben wir zu lange unbeachtet gelassen.

Eine wirksame Kulturmacht sind die Medien. Sie prägen Leitbilder, erzwingen Identifikationen, beeinflussen den Alltag bis in die feinsten Regungen menschlicher Emotionalität. Aber in welche Richtung? Ich bin weit entfernt von pauschalen Verdammungsurteilen, aber ich zögere, diese mächtigen Organisationen als Bündnispartner der historischen Vernunft in Anspruch zu nehmen. Welcher, würden ihre Rundfunkräte, Intendanten, Herausgeber, Chefredakteure und Geldgeber fragen – und wir könnten sie wegen dieser Frage nicht tadeln.

In dieser kultursoziologischen Situation muß die Arbeiterbewegung mit ihren Bündnispartnern – als historisch am wenigsten korrumpierte Kraft – ihre alte Aufgabe neu definieren: Sie muß, gerade in den entwickelten europäischen Industriegesellschaften, Menschen für die weltweite soziale Auseinandersetzung gewinnen, deren ökonomische Interessen ein solches Engagement nicht erzwingen. Dazu muß sie aber wieder lernen – die »Bedeutung des ethisch-politischen Moments in der Geschichte« nicht zu unterschätzen.

Dieser Gedanke ist »unmarxistisch«, aber er ist zwingend. Er stammt übrigens von einem Marxisten: von Antonio Gramsci, der ihn schon Ende der zwanziger Jahre formulierte, damals gegen den sterilen Maximalismus der Führung der italienischen KP.[17) Es gibt keinerlei Grund, den Menschen auf den homo oeconomicus zu verengen und es der – auf diesem Feld sehr raffinierten – politischen Rechten zu über-

lassen, die Bereitschaft der Menschen zu politisch-ethischem Engagement auszubeuten.

Die Frage, die Tausende Menschen – und besonders junge – täglich bewegt, lautet: Wofür lohnt es – und lohnt es überhaupt –, Arbeit, Zwang, Anstrengung auf sich zu nehmen und »das Eigene« auf die lange Bank zu schieben? Genauer ausgedrückt: Lohnt es sich, die Probleme eines anderen zum »Eigenen« zu machen? Es ist *unsere* Aufgabe, und wir müssen es als unsere Aufgabe annehmen, eine erdrückend-entmutigende Komplexität von Realitäten und Bedingungszusammenhängen so durchsichtig zu machen, daß einer unter abertausend Hilfsbedürftigen den entdeckt, dem *er* helfen könnte.

Ich erhebe keinerlei Monopolanspruch; weder für die Arbeiterbewegung, noch für die Politik überhaupt. Fast bin ich geneigt, dem alten eingefleischten Metaphysiker Ionesco recht zu geben, wenn er sagt: »Die Politik, die die Organisation jeder Gesellschaft sein sollte, ist auf chaotische Weise zu einer Organisation um der Organisation willen geworden; das führte zur Desorganisation des kulturellen Bereichs auf Kosten der Metaphysik, der Kunst, der Spiritualität und auch der Wissenschaft.« Aber Politik ist eben nicht nur »Organisation«, sondern auch gemeinsames Denken, Planen, Kämpfen, Feiern, Leben. Das vergessen wir allzu oft. »Jedwede Politik«, sagt derselbe Ionesco, »sollte eine Perspektive anvisieren, die über sie hinausgeht.«[18)]

Ich kenne den Einwand gegen solche Forderungen; er kommt bescheiden daher und betont die Notwendigkeit des »ureigenen« Entschlusses für ethisches

Handeln. Ich bestreite diese Maxime nicht; aber ich behaupte, daß sie zu oft als faule Ausrede benutzt wird. Natürlich können wir nicht – als Partei – autoritativ »Sinn« verkünden, den jeder sich erarbeiten und erschließen muß. Aber Erkenntnisprozesse, Annäherungen, Identifikationen entstehen durch Reden miteinander, Abgrenzen voneinander, Streiten gegeneinander – und nicht in der Wohnküche oder im großbürgerlichen Studierzimmer. Wo ist das Geflecht von »kleinen Netzen«, in denen man sich erproben kann? Unsere Ortsvereine, Juso-Gruppen, Frauen-Gruppen, Arbeitnehmer-Gruppen sind allzuoft das Gegenteil eines Angebots zum Dialog.

Die alte Sozialdemokratie hat es perfekt verstanden, gegen übermächtigen ökonomischen Druck eine eigene »Kultur« zu behaupten; sie hat ein eigenes Sozialisationssystem entwickelt, das von den Kinderfreunden über die Arbeiterjugend und die Jungsozialisten, über den Arbeitersport, Frauenorganisationen und die Arbeiterwohlfahrt Menschen um Interessen *und Ideen* zusammenführte. Wieso soll es unmöglich sein, unter dem neuen (und andersartigen) Druck des modernen, anonymisierenden Industrialismus eine annähernd vergleichbare gruppenbildende Kraft zu entwickeln?

Ich will nicht zurück zur Subkultur *gegen* die Gesellschaft; meine Nostalgie hält sich in Grenzen. Aber vielleicht können wir eine Sozialdemokratie organisieren, in der sich wieder Einzelne um Einzelne kümmern und nicht nur ein paar tausend Obergenossen um die Menschheit?

Ich bin, ich bekenne es offen, für eine »SPD-Kul-

tur«: Für die reformistische Sozialdemokratie als soziale Bewegung, die unterschiedlichen, miteinander bündnisfähigen Kräften und Strömungen der Bevölkerung die Chance gibt, ihre Identität in Kooperation mit anderen und in Abgrenzung zu anderen zu finden. Wir müssen den Sozialstaat tragen und stützen; aber wir dürfen – als Partei, als soziale Kraft – unsere Aufgabe nicht an ihn abgeben wollen. Wir brauchen eine moderne Dienstleistungsbürokratie; aber den demokratischen Sozialismus können wir bei ihr nicht in Auftrag geben.

Die politische Kultur der neuen Sozialdemokratie

Gespräch zwischen Tilman Fichter und Peter Glotz

FICHTER: Unter dem Datum des 1. März 1977 heißt es in Ihrem politischen Tagebuch: »Auf der Fahrt ins Amt: Meine Neigung, das negative Bild, ›Szenario‹, einer Situation zu entwerfen und mich an den daraus sichtbar werdenden Gefahren zu orientieren ... Ich male mir, zuweilen selbstquälerisch, den schlechtestmöglichen Ausgang aus und stelle meine Verteidigung auf diese Möglichkeit ein ... An manchen Tagen frage ich mich, vor welchem Angriff, vor welchem Mißerfolg, vor welcher ›Enthüllung‹ ich mich eigentlich fürchte – ich finde nichts, absolut nichts.«[1)]

Und knapp zwei Jahre vorher schrieben Sie bereits im Vorwort Ihrer Kampfbroschüre für das Godesberger Programm *Der Weg der Sozialdemokratie. Der historische Auftrag des Reformismus*: »Diese Welt wird von großen Drohungen geängstigt. Ich weiß, daß fast jede Generation sich einbildet, kurz vor der Apokalypse zu stehen; man soll sich nicht zu wichtig nehmen. Aber es gelingt mir nicht, mit einem sarkastischen Aperçu die Gespenster zu verscheuchen, die von Biedenkopf über Dahrendorf bis Steffen jeder gesehen hat: Naturzerstörung, Rohstoffkrise, die Gefahr der nuklearen Selbstzerstörung, Überbevölkerung und Welthungerkatastrophe. Dazu kommt die Legitimationskrise der Politik in den westlichen wie in den östlichen Industrienationen. Werden wir diese Herausforderungen bewältigen? Selbstverständlich

weiß ich das nicht. Selbstverständlich fehlt mir die Kraft zu jeder Variation von Fortschrittsglauben. Ich fürchte, daß wir, die Politiker, unsere Gesellschaften grausamen Anpassungsprozessen ausliefern, wenn wir so weitermachen wie bisher. Aber wahrscheinlich ist dies schon eine romantische Bemerkung. Wir werden so weitermachen müssen wie bisher, weil uns die Mechanismen der Loyalitätsbeschaffung etwas anderes nicht ermöglichen . . .«[2)]

Vor was, Herr Glotz, haben Sie konkret Angst? Hat die nunmehr fast 110 Jahre alte Facharbeiterpartei SPD ihren ehernen Fortschrittsglauben eingebüßt? Heinrich Deist konnte 1959 noch unter dem Beifall des Godesberger Parteitages erklären, daß die SPD die einzige Partei sei, »die wirklich in der Lage ist, stetigen wirtschaftlichen Aufschwung zu sichern«. Was ist eigentlich von diesem naiven Reformismus in der SPD angesichts der wachsenden Zerstörung der Natur, der Ölkrise, des rasanten Konzentrationsprozesses in der westlichen Industrie noch übriggeblieben?

GLOTZ: Zuerst einmal: Neben dem »mainstream« des »ehernen Fortschrittsglaubens« gab es in der Sozialdemokratie immer andere, Skeptiker, Kantianer, religiöse Sozialisten, illusionslose Praktiker. Die großen Führer der Diaspora-SPD waren überhaupt nicht »fortschrittsgläubig«, Georg von Vollmar nicht, Waldemar von Knoeringen auch nicht. Viele der intellektuellen Figuren der Partei, Bernstein, Sering-Löwenthal, Carlo Schmid oder Arndt sind mit diesem Begriff »Fortschrittsglauben« nicht zu kennzeichnen.

Auch auf Reuter, Hoegner, Kaisen oder Zinn paßt das Etikett kaum oder nur in Phasen ihres Lebens. Die SPD ist nicht nur die Partei eines zentristischen, »naiven Reformismus«, und ich bin weder der erste noch der einzige, der manchmal »Angst« hat.

Zur »Angst«: Das Zitat aus dem Tagebuch charakterisiert eine ganz private Angst, auch wenn sie natürlich bei sozialdemokratischen Politikern häufiger vorkommt als bei status-sicheren Konservativen: Die Angst des Aufgestiegenen, wieder runterzufallen. Das Zitat aus dem Reformismus-Buch dagegen formuliert eine *politische* Ungewißheit: Ob wir nämlich mit den zur Verfügung stehenden politischen Machtmitteln den Waffenstillstand der letzten dreißig Jahre erhalten und eine Explosion der inneren und äußeren Konflikte vermeiden können. Angesichts von Rohstoffknappheit und Naturzerstörung, angesichts der kaum geminderten Rüstungsspirale und der ökonomischen Weltprobleme ist diese Frage ja wohl nicht sehr erstaunlich, von Bokassa, Khomeini oder Pinochet ganz zu schweigen. Wer da niemals Angst hat, ist dumm. Ich habe Angst, daß wir die mühsamen Ergebnisse der europäischen Aufklärung verspielen könnten.

Das heißt also: Ich bin nicht sicher, daß der Reformismus – der keineswegs »naiv« sein muß – mit den strukturellen Krisen, in denen wir uns befinden, fertig wird. Andererseits sehe ich zu diesem Reformismus überhaupt keine wünschenswerte Alternative. Man kann aus der Großtechnik nicht einfach aussteigen wie aus einem Pferdewagen; und wenn man ein Minimum an Freiheit erhalten will, darf man den Massen

keine tiefen sozialen Einbrüche zumuten. Es gibt, brutal gesagt, nur zwei realistische Alternativen zum Reformismus – den »realen Sozialismus« und den autoritären Wohlfahrtsstaat à la Strauß oder Chirac. Ich weiß, daß dies für viele geradezu eine Provokation ist, weil es ihre Hoffnungen zerstört.

FICHTER: Ihre Aufzählung ließe sich auch noch um einige linkssozialistische und radikaldemokratische Intellektuelle in der SPD erweitern: Rudolf Hilferding, Georg Lebedour, Otto Rühle, Paul Levi, Ernst Eckstein, um nur einige nonkonformistische SPD-Mitglieder aus dem linken Spektrum zu nennen, die ebensowenig einem mechanischen Fortschrittsglauben anhingen. Schließlich war auch Rosa Luxemburg bis zum 3. August 1914 – dem Tag, an dem die sozialdemokratische Reichstagsfraktion sich für die Annahme der Kriegskredite aussprach – aktives Mitglied der SPD. Aber im Hauptstrom der Partei, wie Sie es nennen, dominiert seit August Bebel ein naiver Fortschrittsglaube. Oder mit anderen Worten: Helmut Schmidt hat heute noch dasselbe ungebrochene Verhältnis zur Technik und zur Natur wie die Gründergeneration der SPD.

GLOTZ: Nun wäre es ja keine sehr originelle Entdekkung, daß diejenigen, die die breiteste Mehrheit hinter sich haben, die mehr oder weniger unangefochtenen Führer, den »mainstream« repräsentierten. Das trifft sicher für Bebel, für Ebert und Hermann Müller, überhaupt für die Führung der Weimarer Sozialdemokraten und die, die daraus hervorgegangen sind,

beispielsweise Ollenhauer, zu. Schon bei Schumacher hätte ich Zweifel. Die heutige Führung ist über den Leisten »Fortschrittsglauben« nicht zu schlagen.

Ich räume ein, das Godesberger Programm hat tatsächlich die wachsende Macht des Menschen über die Naturkräfte »naiv« gefeiert. Das waren Nachwirkungen des späten Marx; der hat in der Kritik des Gothaer Programms den Menschen als »Eigentümer« der Natur bezeichnet. Und letztlich war es das Programm von Descartes, der Mensch müsse durch Wissenschaft und Technik zum »maître et possesseur de la nature« werden. Natürlich ist das auch heute noch nicht ganz überwunden: Aber die erste Fassung des Orientierungsrahmens war das letzte offizielle Dokument der SPD, das in diese Tradition gehört. Schon in der Endfassung dieses schnell vergessenen Papiers, von 1975, bemerkt man einen neuen Ton. Heute ist die Debatte über die »Dialektik der Aufklärung«, also über positive *und* negative Tendenzen der Technik, in der SPD in vollem Gang, und sie geht auch an Helmut Schmidt nicht vorbei. Oder halten Sie seine Position zu den neuen Technologien, beispielsweise der Telekommunikation, für naiven Fortschrittsglauben? Sie könnten es so sehen: Vor zehn Jahren waren die allermeisten von uns ziemlich wissenschaftsgläubig. Seit 1972/73 kommen zunehmend kritische und zweifelnde Fragen auf – und wir müssen nun schon, Beispiel Kernenergie, aufpassen, daß wir uns ein nachdenkliches, ausgewogenes Konzept der Technologiepolitik erarbeiten und nicht in eine Polarisierung zwischen irrationaler Technikangst und ungestörter Technokratie hineinkippen.

FICHTER: Ich zweifle im übrigen genauso wie Sie, ob der Reformatismus ein Konzept hat, mit dem er den Strukturkrisen in der modernen Industriegesellschaft begegnen kann. Der Mangel an Utopie hat meiner Meinung nach in großen Teilen der SPD zu einer »Apokalypseblindheit« (Günter Anders) geführt, die eben oft einen Realismus verhindert.

GLOTZ: Nur: Wer hat denn »ein Konzept«? Die Neue Linke vielleicht? Ich weiß auch nicht, ob uns »Utopien« fehlen; schon eher soziale Phantasie. Wir sind manchmal nicht sensibel, aufmerksam, kritisch genug, um dem Zickzack-Kurs der Geschichte folgen zu können; dann verpassen wir eine Kurve und fallen ins Loch. Der Fortschritt ist *möglich* – wie das Scheitern. Mit *diesem* Bewußtsein könnte man überleben.

FICHTER: Thomas Schmid erklärt sich Ihre »selbstquälerische« Angst ungefähr folgendermaßen: Glotz sei ein Sozialdemokrat aus der Diaspora. Er habe u. a. kapiert, daß zu dem Erfolgsrezept der CSU gehört, daß diese »kluge, populistische Majoritätspartei« der »technokratischen Öde« den Kampf angesagt hat. Er wolle angesichts der wachsenden Verweigerung der ökologischen Protestbewegung der SPD »die Dimension des Sinns« zurückerobern. Seine Antwort sei die »Perfektionierung des Sozialstaats (und damit zugleich der Kontrolle)«. Aber immer weniger Menschen würden Konzept und Realität dieses sozialdemokratischen Sozial-, Wohlfahrts- und Polizeistaates akzeptieren. Glotz sei intelligent genug zu wissen, daß er in dem Moment, wo die Fäden dieses sozialde-

mokratischen Netzes reißen, in das Namenlose und Gräßliche unterhalb des Netzes stürzen werde.[3)]

Zielt bei Ihnen – wie Thomas Schmid meint – die Dimension des Sinns auf eine Perfektionierung des Sozialstaates ab?

GLOTZ: Das Gegenteil ist richtig: Wir müssen vielmehr lernen, das Nicht-Perfekte, die unvollkommene Methode, die improvisierte Lösung zu akzeptieren. Eine Schule mit menschlichen Dimensionen ist besser als eine vielzügige Großapparatur – auch wenn der Physiksaal bescheidener ausgestattet ist und ein Sprachlabor fehlt. Das haben wir dazugelernt. Die Zulassungssysteme der englischen und amerikanischen Privatuniversitäten sind zwar ungerechter, aber plausibler als unser ZVS-Computer. Man muß den Sozialstaat also nicht »perfektionieren«, sondern durch »kleine Netze« unterfangen und abstützen.

Das heißt allerdings nicht, daß wir auf einen hohen Grad sozialer Sicherheit verzichten dürften; wenn dieses Netz reißt, stürzen wir wirklich ins »Gräßliche«.

FICHTER: Wenn Sie eine vorläufige Zwischenbilanz der Sozialpolitik der sozialliberalen Koalition in Bonn ziehen, herrscht dann bei Ihnen Ernüchterung, Selbstkritik oder Genugtuung über das Erreichte vor?

GLOTZ: Genugtuung und Selbstkritik. Der Grad der sozialen Sicherheit müßte weiter erhöht werden: Das ist in vielen Sektoren geschehen und geschieht weiter.

Dieser Prozeß ist aus prinzipiellen Gründen nicht abschließbar, weil durch die gesellschaftliche Entwicklung immer neue Risiken entstehen. Auf der anderen Seite ist eine vorbeugende, planende Sozialpolitik – also eine, die nicht erst *nachher* repariert – erst in den frühen Anfängen. Deshalb ja zum Beispiel eine neue Diskussion um Subsidiarität, um Mitbestimmung, um die Konstruktion von vielen »kleinen Netzen«, um Selbsthilfe-Initiativen. Also auch Selbstkritik – wir haben zu sehr an die Herstellbarkeit von Gerechtigkeit durch die Bürokratie geglaubt.

FICHTER: Wie stellen Sie sich »die kleinen Netze« in den Großinstitutionen, zum Beispiel dem modernen Krankenhaus, der Massenuniversität usw., vor? Tatsache ist ja, daß immer mehr Menschen Angst und Abneigung gegen anonyme Einrichtungen wie Kreißsäle oder Intensivstationen empfinden. Eine Humanisierung dieser Einrichtungen kann nicht einen Rückfall in die Steinzeit bedeuten, sondern muß endlich die Bedürfnisse der Menschen in den Vordergrund rücken. Wenn das die SPD nicht angeht, dann werden der linkskonservative Kulturpessimismus à la Thomas Schmid und der rechtskonservative Populismus von F. J. Strauß immer mehr an Bedeutung gewinnen.

GLOTZ: Das ist ganz richtig. Wir müssen versuchen, Bauformen zu entwickeln – und in unseren städtischen und gemeinnützigen Wohnungsbaugesellschaften durchzusetzen –, die menschliche Kontakte über die Kleinfamilien hinaus, die im Hochhaus Tür an Tür leben, ermöglichen. Wir müssen versuchen, solche

Konzepte dann auch in der Facharbeiterkultur zu verankern – nicht durch irgendeinen Druck, der den Leuten das Einfamilienhaus verbietet oder vermiest, sondern durch »Vertrauensarbeit«, wie wir das nennen. Wir sollten in den Schulen, auch in den vielzügigen, Bezugspersonen und Kerngruppen erhalten, wir sollten Eltern-Schüler-Lehrer-Gruppen ermutigen, sich bestimmte Projekte vorzunehmen. Oder Freizeitangebote – warum überlassen wir das Organisieren von Gruppenreisen Neckermann? Warum holen wir unsere Leute nicht in Urlaubsdörfer und kombinieren Baden, Strand und Familienleben mit Diskussion und Geschichte und Nachdenken?

Wir müssen das Kommunikationsgeflecht der industriellen Gesellschaft studieren und uns in den Knotenpunkten festsetzen – nicht als zettelverteilende Propaganda-Ungeheuer, sondern als Mitbürger.

FICHTER: In Ihrem Aufsatz »Subjekt und Sozialstaat«[4)] bekennen Sie sich offen zu einer neuen »SPD-Kultur«. Leider bricht der Artikel aber genau dort ab, wo es spannend wird. Welche gesellschaftspolitische Qualität sollte diese politische Kultur haben? Gibt es bereits Anzeichen für die Entstehung einer solchen *neuen* »SPD-Kultur«?

Die alte Sozialdemokratie vor 1914 war ja eine Gesellschaft in der Gesellschaft. Dieses Getto hatte eine eigenständige sozialdemokratische Mentalität herausgebildet. Arbeiterviertel, Partei und Gewerkschaft, proletarische Turnvereine und Arbeiter-Radfahrbünde, Naturfreunde und Freireligiöse Gemeinde, Arbeiter-Spar- und Bauvereine und natürlich die

Konsumgenossenschaften sicherten dem einzelnen Arbeiter das Überleben. In dieser sozialdemokratischen Facharbeiter-Kultur fand der einzelne kollektive Solidarität und Schutz. Dieses Milieu befindet sich seit Jahrzehnten in einem Zersetzungsprozeß, aber es besteht noch. In Ihrem Aufsatz umschreiben Sie die Qualitäten einer neuen politischen Kultur nur äußerst vage: »Es ist notwendig, die neue Aufmerksamkeit für das Subjekt und seine unmittelbaren Rechte, die diese Jugendbewegung wieder nach oben spielt, politisch aufzunehmen; gleichzeitig müssen wir aber dafür sorgen, daß die aufklärerisch-skeptischen Elemente der europäischen Erfahrung nicht verlorengehen.« Was heißt dies nun konkret für die sozialdemokratische Politik in den achtziger Jahren?

GLOTZ: Das heißt konkret, daß wir nicht, wie der alte Tönnies oder jedenfalls seine Mißversteher, Gemeinschaft und Gesellschaft gegeneinander ausspielen dürfen, sondern daß wir in der Gesellschaft Gemeinschaft ermöglichen müssen. Wir brauchen die Superstrukturen; wer glaubt, durch ihre Zerstörung ins Reich der Freiheit zu gelangen, ist ein Illusionist. Aber wir brauchen darunter auch funktionierende persönliche Beziehungen, zielorientierte Kooperationsangebote, die die isolierte bürgerliche Privatsphäre überschreiten. Das müssen die Parteien, die Gewerkschaften, die Kirchen begreifen lernen.

Ansätze zu solch einer »neuen« SPD-Kultur gibt es nur wenige: In manchen Frauengruppen, in manchen Betriebsgruppen, um die eine oder andere Parteischule herum, in manchen Aktivitäten der Arbeiter-

wohlfahrt und in spontanen Initiativen. Wenn wir es nicht schaffen, diese Ansätze weiterzuentwickeln, erstarrt die Partei zu einer Apparatur der Mandatare.

FICHTER: In seiner Studie »Der sozialdemokratische Charakter« beschreibt Bernd Rabe anschaulich die Existenz von drei aktiven Generationen von Sozialdemokraten in der heutigen SPD. Erstens die alte Generation mit ihrer sozialdemokratischen Lagermentalität (Geburtsjahrgänge bis 1920), zweitens die anti-ideologischen Pragmatiker, die im Nationalsozialismus sozialisiert worden sind (Geburtsjahrgänge 1920–1940), und, last not least, die kritische »Wohlstands«-Generation, die nach 1940 geboren wurde. Rabe zeigt am Beispiel der ersten Generation, wie wenig Bewußtsein und Verhalten dieser SPD-Mitglieder durch Parteitage und programmatische Weichenstellungen verändert worden sind: »Die Programmatik der Volkspartei wird, ohne näher auf ihren Inhalt – wie etwa im Godesberger Programm der SPD enthalten – einzugehen, mehrheitlich abgelehnt. Dabei gehen die Einschätzungen von einem Unbehagen bis zu deutlichen Gegenpositionen. Dies bestätigt sich, wenn auch nicht ganz so eindeutig, in der Fragebogenerhebung. 46 Prozent der Befragten sind der Auffassung, daß die SPD auch heute noch eine Arbeiterpartei ist und vor allen Dingen Politik für die Arbeiter betreiben muß, während nur 34 Prozent die nur umrißhaft angedeutete Vorstellung einer Volkspartei teilen.«[5]

Der größte Teil der älteren Mitglieder hat demnach das Godesberger Programm überhaupt nicht zur

Kenntnis genommen. Wertmuster und Normen dieser SPD-Generation sind also weitgehend durch die sozialdemokratische Kultur bestimmt und existieren eigenständig und relativ unabhängig von aktuell formulierten Parteiprogrammen. Eine *künstlich von oben konstruierte*, neue sozialdemokratische Kultur würde dieser Generation von älteren Facharbeitern schwerlich eine neue Heimat bieten können. Organisationspatriotismus, Klassenkampferfahrung und oftmals verdrängte Niederlagen sind die heterogenen Elemente dieser Lebenserfahrung. Gibt es für diese Generation in einer neuen politischen sozialdemokratischen Kultur überhaupt noch einen Platz? Schließlich wurden in der SPD Mitte der fünfziger Jahre schon einmal die Ablösung des alten Funktionärskörpers, die Mobilisierung der Jugend gegen die alte Generation und die Einmottung der herkömmlichen Symbole der sozialdemokratischen Arbeiterbewegung propagiert. In dem Zusammenhang sei nur an die Treibjagd von Klaus Schütz und Kurt Neubauer im Oktober 1957 gegen Franz Neumann als Landesvorsitzenden der Berliner SPD erinnert.

GLOTZ: Dieses Generationsschema ist viel zu mechanistisch. Das Godesberger Programm wurde doch nicht von der sogenannten »mittleren Generation« durchgesetzt, sondern vor allem von den »Alten«: von Willi Eichler, Waldemar von Knoeringen, Heinrich Deist, Willy Brandt, Herbert Wehner, also Leuten mit sozialistischer Vergangenheit, sei es in der SPD, sei es im ISK (Internationaler Sozialistischer Kampfbund), der SAP (Sozialistische Arbeiterpartei)

oder bei den Kommunisten. Die mittlere Generation hat mitgeholfen, aber das Neue wurde zuallererst von den Älteren durchgedrückt, die damals zwischen fünfundvierzig und sechzig waren, nicht so sehr von den »anti-ideologischen Pragmatikern«.

Natürlich muß und kann die Facharbeiterkultur der älteren Generation in der Sozialdemokratie Heimatrecht behalten. Im Ruhrrevier ist das nur da und dort ein Problem; und wir haben die AfA (Arbeitsgemeinschaft für Arbeitnehmerfragen) auch nicht aus Daffke gegründet. Aber auf die Dauer sind die Verkehrsformen gefährdet. Ich habe erlebt, wie große, starke Ortsvereine voller sudetendeutscher Sozialdemokraten in der oberbayrischen Diaspora gearbeitet und gekämpft haben – und wie sie buchstäblich ausgestorben sind. Wir müssen neben der alten eine neue politische Kultur entwickeln – allerdings nicht »von oben konstruieren«. Von oben kann man nur helfen.

Sie täuschen sich im übrigen, wenn Sie die ältere Generation für Gegner von Godesberg halten. »Altlinks« ist heute eine ganz kleine Truppe. Natürlich gibt's viele Menschen, denen ein »Programm« überhaupt gleichgültig ist, die also in der Partei die Gemeinschaft, das »sozialkulturelle« Element suchen. Aber es ist ein alter Irrtum der CDU, daß Godesberg nur »aufgesetzt« sei.

FICHTER: An Ihrer Argumentation wird deutlich, daß Sie der kollektiven Klassensolidarität der alten Sozialdemokratie relativ fremd gegenüberstehen und statt dessen eine neue Solidarität der aufgeklärten Menschen suchen. Dies erscheint mir nun wiederum

idealistisch. Das Generationsschema habe ich hier weniger auf den Funktionärskörper, der für Godesberg verantwortlich ist, als auf die Basis der Partei bezogen. Die Tatsache, daß Herbert Wehner oder Fritz Erler zu den »Alten« gehören, spricht nicht gegen Rabes Thesen. Sicherlich ist es richtig, daß die Mehrheit der älteren SPD-Generation weder für noch gegen Godesberg war, sondern SPD wählte, weil sie im sozialkulturellen Milieu der Arbeiterbewegung lebte. Und diese politische Kultur existiert an Rhein und Ruhr und in den Industriezentren wie Bremen, Hamburg, Kiel, Kassel, Hannover oder Nürnberg/Fürth noch immer. Eine neue aufklärerische SPD-Kultur müßte sich wohl doch auf diese Traditionslinien beziehen. Und die konkrete Form dieser Synthese scheint mir noch sehr vage zu sein.

GLOTZ: Ich respektiere diese Klassensolidarität voll; und als Zwanzigjähriger, der aus einem »unsolidarischen« Kleinbürgertum kam, habe ich Tag und Nacht versucht, mich in diese Klassensolidarität einzupassen – was auch Verbiegungen mit sich brachte. Aber man muß sehen, daß diese Klassensolidarität im Wohlfahrtsstaat schwächer wird und auch nicht künstlich konserviert werden kann. Wo sie nach wie vor da ist, müssen wir versuchen, sie zu stabilisieren – und Männer wie Brandt und Wehner leisten hier eine sehr wirksame symbolische »Beziehungsarbeit« – sie ermöglichen Identifikationen. Diese »Klassensolidarität« ist übrigens ein guter Nährboden für funktionierende Lebensformen. Aber wir würden die Mehrheitsfähigkeit verlieren, wenn wir uns nur auf diese

Ausprägung der »SPD-Kultur« stützen wollten. Deswegen brauchen wir neben den unwillkürlich gewachsenen Kommunikationsnetzen auch bewußt gepflanzte, also das, was Sie eine »neue, aufklärerische SPD-Kultur« nennen – Handlungsangebote an die neuen Mittelschichten. Auf deutsch: Die SPD muß Klassenkompromisse, Bündnisse konstruieren – ohne daß die Eigenständigkeit der verschiedenen Schichten in einen großen Brei verrührt wird.

FICHTER: Welche Funktion werden schließlich die anti-ideologischen Pragmatiker à la Helmut Schmidt in dieser neuen sozialdemokratischen Kultur haben? Ihre Lebenswege und Bewußtseinsstrukturen sind nicht durch Produktion, Klassenkampf und sozialdemokratisches Milieu geprägt. Rabe hält mit Recht fest, daß für diese Altersgruppe wichtige Erfahrungen »aus Kindheit, Schule, Lebensbedingungen, Lehr- und früher Berufstätigkeit« verblaßt sind angesichts des Nationalsozialismus, des Weltkriegs, des Zusammenbruchs und der Gefangenschaft. Der Pragmatismus dieser Generation ist nicht das Produkt des alten sozialdemokratischen Reformismus, sondern der faschistischen Blockierung proletarischer Lebenszusammenhänge. Die terroristische Zerschlagung der »alten« Arbeiterbewegung durch die Nazis, das Massensterben im Zweiten Weltkrieg, Kriegsgefangenschaft, Flucht und Vertreibung, der Hunger, die Demontagen, die prokapitalistische Währungsreform und schließlich die erneute parlamentarische Niederlage der SPD 1949 usf. haben die reduzierten »Ich-Ideale« dieser Generationen geprägt.

»Das ›Funktionieren‹ der Systeme, wenn wenigstens ein Minimum demokratischer Beteiligung gesichert ist, hat für sie einen besonderen Wert.« (Oskar Negt)

Ist diese Generation von sozialdemokratischen Machern überhaupt in der Lage, ihr trotziges, reduziert-reformistisches Weltbild in Frage zu stellen? Ist der Zynismus eines Helmut Schmidt, der sich im Fernsehen über die wildgewordenen »Umweltidioten« mokiert, nicht typisch für diese Altersgruppe im Funktionärskörper der SPD? Ist eventuell die demokratische und pseudorealpolitische Grundhaltung dieser Generation eine der Ursachen für die Angst des Peter Glotz vor der politischen Zukunft der SPD?

GLOTZ: Ich gehöre zum letzten Rest dieser »Macher-Generation«, und ich sage Ihnen etwas: Das »Funktionieren der Systeme«, ein Minimum demokratischer Teilhabe, hat in der Tat einen »besonderen Wert«. Ich weiß nicht, woher Ihr Euren Glauben nehmt. Wenn wir den dreißigjährigen Waffenstillstand halten, wirtschaftliche Zusammenbrüche vermeiden, die liberalen Grundrechte bewahren und die Auseinandersetzung um soziale Gleichberechtigung Millimeter für Millimeter weitertreiben können, haben wir unwahrscheinliches Glück gehabt. Dieser, ich nenne das mal so, »demokratische Realismus« ist überhaupt kein Widerspruch zu der Forderung nach einer »sozialdemokratischen Kultur«.

Natürlich gibt es in der SPD auch eine Strömung von phantasielosem Ökonomismus und Trade-Unionismus; das kann niemanden wundern, denn schließ-

lich ist das die Ideologie einer großen Fraktion der sogenannten Aufsteiger. Ich leugne auch gar nicht, daß im Funktionärsapparat der Partei hier und da ein paar zuviel davon eine wichtige Rolle spielen. Aber es ist eine Strömung unter anderen.

Im übrigen malen Sie von Schmidt ein viel zu eindimensionales Bild. Schmidt ist überhaupt nicht »zynisch«; jedenfalls nicht zynischer als man sein muß, wenn man in diesem Beruf überleben will. Er hat zuweilen Ausbrüche, bei denen er Dinge sagt, die unakzeptabel sind, jedenfalls für mich. Aber er ist auch einer der wenigen, die den Mut haben, etwas absolut Unpopuläres zu vertreten. Man kann viele seiner Thesen bestreiten, aber nicht seinen ernsthaften politischen Moralismus, der wahrscheinlich mit seinem Protestantismus zu tun hat. Die Haßliebe der »Neuen Linken« zu Schmidt ist ein Spiegelbild ihrer Haßliebe zu jener Koalition von Facharbeiterschaft und technischer Intelligenz, die den Kern der sozialdemokratischen Anhängerschaft bildet.

FICHTER: Spätestens seit der Nominierung von F. J. Strauß zum Kanzlerkandidaten der Union zur Bundestagswahl 1980 zeigt sich erneut, daß die Bourgeoisie in Deutschland bei der kleinsten Krise den Waffenstillstand aufkündigt oder zumindest damit droht. Ein bißchen Ölkrise, wachsender Widerstand in der Bevölkerung gegen den »harten Weg« in der Energiepolitik reicht bereits aus. Ist langfristig eine Konzeption des Waffenstillstandes der Klassen Ihrer Meinung nach überhaupt realistisch?

GLOTZ: Waffenstillstand ist nicht Frieden. Denken Sie an den dreißigjährigen Waffenstillstand in Europa seit dem Ende des Zweiten Weltkriegs. Da hat es ständig Krisen, Drohungen, Aufmärsche gegeben, und dazwischen sogar Blockaden und niedergeschlagene Aufstände. Aber ein großer Krieg konnte verhindert werden. Ähnlich ist es innenpolitisch: Angst und Unsicherheit erzeugen Drohgebärden. Insofern war die Kandidatur von Strauß, ähnlich wie die von Goldwater seinerzeit in den USA, die unsichere Reaktion der besitzenden Schichten auf eine als Bedrohung empfundene scheinbar endlose Periode sozialdemokratischer Führung. Für manchen sind eben zehn Jahre schon eine halbe Ewigkeit, und eine so vorsichtige Partei wie die SPD ist ihm eine Systemgefährdung.

FICHTER: Die SPD ist nach wie vor eine männliche Facharbeiterpartei. Wird sich das in Zukunft ändern? Die Qualität einer neuen sozialdemokratischen politischen Kultur wird unter anderem daran zu messen sein, ob die vor allem auch in der Arbeiterbewegung traditionell stark ausgeprägte Geschlechtsrollendifferenzierung überwunden wird.

GLOTZ: Unsere *Gesellschaft* ist von »männlichen Werten« geprägt, also auch die Massenpartei SPD. Ich wünschte mir, daß die Sozialdemokraten die Vorkämpfer einer Veränderung auf diesem Feld wären. Zur Zeit gibt es dahin keine Anzeichen. Hier gebe ich Ihnen recht: Wenn das so bleibt, geht die Entwicklung an uns vorbei.

FICHTER: Es ist mehr als sichtbar, daß noch immer ein großer Teil der katholischen Arbeiter CDU wählt. Die Diskriminierung der Katholiken im preußischen Kleindeutschland (Kulturkampf 1870–1878) trieb besonders an Rhein und Ruhr große Teile der katholischen Arbeiterschaft in das Getto des politischen Katholizismus. Die Sozialdemokratie hat bis zum Ende der sechziger Jahre auf diese religiösen Bindungen der katholischen Arbeiterschaft meist nur mit grober antiklerikaler Polemik reagiert. Kurt Schumachers Schimpfkanonaden gegen die katholische Kirche im ersten Bundestagswahlkampf als »fünfte Besatzungsmacht« – so verständlich seine Empörung gegen die politische Zusammenarbeit der katholischen Kirche mit den Unionsparteien auch gewesen sein mag – sei hier nur beispielhaft angeführt.

Man spricht in der Alten und Neuen Linken oft über die historisch verhängnisvolle Spaltung der Arbeiterklasse in Sozialdemokraten und Kommunisten. Diese Argumentation übersieht, daß die deutsche Arbeiterbewegung traditionell nicht nur in zwei, sondern in drei unterschiedliche Lager aufgespalten ist. Wer heute im nachhinein die ökonomischen, sozialen und politischen Ausgangsbedingungen für die Arbeiterbewegung im Nachkriegsdeutschland 1945 einer genaueren Analyse unterzieht, muß sich die Frage stellen, ob nicht gerade auch in der Sozialdemokratie in den ersten Nachkriegsmonaten die historische Chance vertan wurde, eine Arbeiterpartei neuen Typs zu bilden. Eine solche Entwicklung hätte die *Herausbildung der CDU/CSU zu einer bürgerlichen Massen- und Integrationspartei abgeblockt.* Denn oh-

ne die katholischen Arbeiterstimmen hätte die CDU/CSU die 30-Prozent-Hürde nie übersprungen. Eine Vereinigung dieser drei unterschiedlichen Traditionslinien hätte aber nicht das Resultat einer zentrischen Kompromißpolitik sein können, sondern nur das Ergebnis eines gemeinsamen Aktionsprogramms zur Durchsetzung der ökonomischen und sozialen Interessen der Arbeiterschaft – bei gleichzeitiger Anerkennung der unterschiedlichen Traditionslinien.

Sollen in einer neuen sozialdemokratischen Kultur die unterschiedlichen Traditionslinien einfach miteinander vermischt werden? Dies ist im Hinblick auf die katholische Arbeiterbewegung auf jeden Fall ein schwieriges Problem (auf die Kommunisten will ich an dieser Stelle nicht eingehen) – vor allem in Fragen der Schulpolitik, des Elternrechts, der Familienpolitik, des Paragraphen 218 und so weiter. Zum Beispiel lassen sich die Vorstellung von der Emanzipation der Frau und das tradierte Frauenbild des Katholizismus nicht opportunistisch miteinander versöhnen. Es wäre interessant zu erfahren, wie eine neue politische sozialdemokratische Kultur auf solche Probleme reagieren würde.

GLOTZ: Ihre historische Analyse halte ich für falsch. Die Gegensätze zwischen kommunistischer, katholischer und sozialdemokratischer Arbeiterbewegung waren 1945/46 so groß, daß auch eine überlebensgroße Führerfigur sie nicht hätte überwinden können. Der Weg zur überkonfessionellen Integrationspartei, den die Union gegangen ist, war realistischer; und es war eine große Leistung, auch wenn er meinem par-

teipolitischen Kalkül zuwiderläuft. Heutzutage ist die »katholische Arbeiterbewegung« in Deutschland, anders als in Italien, keine starke Strömung mehr. Die Arbeiter, die CDU wählen, tun dies nur noch selten auf Grund ihrer konfessionellen Bindung, sie tun es vielmehr aus Gründen der Einbindung in ein Milieu. Ich selbst bin gegen einen provokatorischen Laizismus, wie ihn beispielsweise die italienischen Sozialisten – im Unterschied zu den italienischen Kommunisten – pflegen; ich halte nichts von Losungen wie »Mein Bauch gehört mir«, obwohl ich natürlich die Reform des Paragraphen 218 StGB für nötig hielt und halte. Ich bin auch gegen jeden Doktrinarismus in der Schulpolitik – gegen jeden. Aber wenn man mit »Strategien« auf die »katholische Arbeiterbewegung« zielen würde, wäre das »von oben konstruiert«. Menschen, die glauben, müssen wir respektieren; aber sie müssen auch respektieren, daß wir die Emanzipation der Frau für ein zentrales politisches Ziel halten. Die »neue sozialdemokratische Kultur« – wenn es die geben wird – muß vielfältig sein. Sie verlangt die Toleranz unterschiedlicher Lebensstile.

FICHTER: Es geht mir im wesentlichen hier nicht um »überlebensgroße Führerfiguren«, wobei ich natürlich nicht von Kurt Schumacher und Konrad Adenauer abstrahieren will. Ich habe vielmehr an die Tendenzen im Frühjahr und Sommer 1945 gedacht, als zahlreiche Antifa-Komitees und eine regional starke Betriebsrätebewegung auf der Grundlage der gemeinsamen Klasseninteressen eine deutsche »Labour-Partei« anstrebten. Diese Konzeption war auch

für Teile der katholischen Arbeiterbewegung attraktiv (Jakob Kaiser). Dieser Versuch scheiterte nicht zuletzt an starken sozialdemokratischen und kommunistischen Organisationstraditionen. Heute ist dieses Problem wieder aktuell; denn F. J. Strauß kann in der Union nur deshalb so offen gegen die Sozialausschüsse agieren, weil die Sozialdemokratie gegenüber den Sozialausschüssen nach wie vor kein Konzept der Kooperation, sondern nur der Integration hat. Natürlich sind zum Beispiel die minimale Reform des Paragraphen 218 oder die Institution der Gemeinschaftsschule nicht kompromißfähig. Aber das kann doch wohl nicht heißen, daß die SPD den Sozialausschüssen unterhalb dieser Ebene nicht ganz konkrete Bündnisangebote in der Sozial- und Arbeitspolitik machen muß.

GLOTZ: Unsere Sozial- und Arbeitsmarktpolitik enthält doch viele solcher Kompromißangebote; und sie wird noch kompromißfähiger werden, wenn wir die vorhin charakterisierte »neue Sozialpolitik« noch konsequenter praktizieren. Aber vergessen Sie nicht, daß die Sozialausschüsse eben seit Jahrzehnten um ihre Identität *in Abgrenzung* zur Sozialdemokratie kämpfen und daß deshalb tief verwurzelte, irrationale Barrieren bestehen. Das meiste von dem, was Blüm zur Sozialpolitik oder Maria Weber zur Bildungspolitik sagten, könnte ich ohne Zögern unterschreiben. In den Gewerkschaften ist auch Kooperation durchaus möglich. Aber solange wir in einigermaßen normalen Zuständen leben, solange also keine hochkochenden Konflikte die ganze Parteienlandschaft durcheinan-

derschütteln, werden wir in getrennten Formationen marschieren. Strauß wird daran auch nichts mehr ändern.

FICHTER: Die Kritik eines großen Teils der bürgerlichen Jugend links von der SPD an der Sozialdemokratie läßt sich vielleicht folgendermaßen schlagwortartig zusammenfassen:

a) Die SPD hat *kein Verhältnis zur Kultur.* Sie ist stehengeblieben bei der Konzeption der Arbeiterbildungsvereine des letzten Jahrhunderts. Im wesentlichen sucht sie den kulturellen Anschluß an die bürgerlichen Bildungsideale. Würde eine neue sozialdemokratische politische Kultur auch einen eigenständigen Beitrag zur Kultur leisten?

b) Die SPD hat *kein Verhältnis zu Intellektuellen.* Dies erklärt sich nur teilweise aus der nationalkonservativen, völkischen Tradition der bürgerlichen Intelligenz in Deutschland bis in die Mitte der fünfziger Jahre, teilweise auch durch die tradierte Theorie- und Intellektuellenfeindlichkeit in der sozialdemokratischen Arbeiterbewegung.

c) Die SPD hat *kein Verhältnis zur Demokratie* (Berufsverbote, § 88 a StGB, Kontaktsperrgesetz usw.)

d) Die SPD hat *keine Utopie und keine klaren Ziele.* Sie akzeptiert, trotz Weltwirtschaftskrise und zwei imperialistischen Weltkriegen, den *Kapitalismus als kleineres Übel.* Sie hat kein Konzept mehr für eine alternative Ökonomie jenseits von Kapitalismus und Staatskapitalismus. Statt energiepolitisch den Ausstieg aus dem Atomstaat vorzubereiten, schließt die

Generation der anti-ideologischen Pragmatiker ein *Energiekartell* mit CDU/CSU und FDP.

Im Moment gibt es keinen Dialog mehr zwischen der Sozialdemokratie und der Alternativ-, Protest- und Fluchtbewegung. Dies liegt nicht zuletzt an der Sprachlosigkeit der SPD und an der weitverbreiteten Unfähigkeit, sich diese Probleme einzugestehen und sie zu artikulieren. Wird eine neue sozialdemokratische Kultur einen Beitrag dazu leisten, um diese Kommunikation herzustellen?

GLOTZ: Die Sozialdemokratie muß diesen Dialog herstellen, weil sie sich sonst in einem Turm von 35 Prozent einmauert. Da ich die Spekulation auf die »Alternativen« als »fünfte Partei« – eine Spekulation nach Straußschem Muster für ein Vabanque-Spiel halte, bleibt uns nur der Weg einer vorsichtigen Integration. Daß wir uns, wenn das gelingen soll, in verschiedenen Zügen ändern müssen, bestreite ich nicht. Aber wir sind viel lernfähiger als Ihr glaubt.

Einige Ihrer Prämissen sind überdies falsch. Daß die SPD kein Verhältnis zur Demokratie habe, ist eine Geschichtsklitterung. Wir machen Fehler, aber wir sind auch in der Lage, sie zu korrigieren – siehe Radikalenerlaß. Es ist unhistorisch, eine Partei mit hundertjähriger Geschichte aus der Perspektive von fünf Jahren abzuurteilen.

Die Abwesenheit von »Utopien«, besser gesagt *Zielen*, nicht-materiellen Richtgrößen, beklage ich auch; aber müssen es die alten Utopien sein? Das mit der »alternativen Ökonomie jenseits von Kapitalismus und Staatskapitalismus« halte ich für eine Schi-

märe. Betriebsverfassung, Sozialgesetzgebung und Mitbestimmung haben den »Kapitalismus« doch nicht unberührt gelassen. Nach sechzig Jahren Anschauungsunterricht mit zentral geleiteten Ökonomien müßten wir doch so weit sein, daß wir das Profitmotiv nicht mehr als das schlechthin »Böse« betrachten. Wir müssen an unserer Wirtschaftsordnung vieles verändern, dauernd verändern – aber wir dürfen auf keine, ich wiederhole *keine* Manipulation der ökonomischen Apparatur hoffen, die grundstürzend neue und humanere Beziehungen der Menschen hervorbrächte.

Sie sprechen mit Recht von der »bürgerlichen Jugend links von der SPD«. Diese »bürgerliche Jugend« befindet sich zur Zeit ja in einem Prozeß des Innehaltens, des Nachdenkens. Die Gewißheiten von gestern sind zersprungen; für Vietnam demonstrieren nur noch ein paar ganz Unstörbare. Jetzt kommt es darauf an, ob diese »bürgerliche Jugend« in den Privatismus abschwimmt, ob sie nach rechts kippt oder ob wir ihren leerlaufenden Idealismus binden können. Ich bin dafür, daß wir versuchen, diesen Idealismus aufzunehmen; aber dazu müssen wir über das Godesberger Programm und über die Parolen von 1969 hinaus.

Über politische Identität

Vier Thesen zu den Zukunftschancen der Bundesrepublik Deutschland

Identität ist ein philosophischer Begriff, der heute in der Psychologie und der Kunsttheorie eine große Rolle spielt. Und es ist gleichzeitig ein polizeilicher Begriff; davon zeugen Zusammensetzungen wie Identitätskarte oder Identitätsnachweis. Da ich weder den Philosophen noch den Polizisten ins Handwerk pfuschen möchte, handele ich natürlich, auch wenn es nicht immer so aussieht, über nichts als mein Metier: über Politik. Ich will versuchen, vier Thesen über den Zustand und die Zukunftschancen unserer Republik zu verteidigen, deren vernünftige Diskussion ich für ganz entscheidend halte, wenn dieser Staat nicht historisch auslaufen soll. Beim Abwägen dieser Hypothesen habe ich den Identitätsbegriff nützlich gefunden.

1.

Was ist Identität? Beispielsweise »das Problem, wie die Person die Vielzahl ihr zugemuteter Rollen zu einem zwar differenzierten aber noch konsistenten Ich integriert«[1]. Es geht also um die »Einheit einer unverwechselbaren Lebensgeschichte«[2] – und die ist in unserer Gesellschaft nur unter Aufbietung aller Kräfte, in schwerem Konkurrenzkampf zu erjagen.

Gültig formuliert hat das zuerst Rilke. Wenn etwas brenzlig wird, riecht das zuerst eine sensible Minderheit der Oberschicht. Deshalb legt Rilke seine Beobachtungen von der Entzweiung von Ich und Gesellschaft einem Adeligen in den Mund: Malte Laurids Brigge. In dessen Aufzeichnungen heißt es:

»Daß es mir zum Beispiel niemals zum Bewußtsein gekommen ist, wieviel Gesichter es gibt. Es gibt eine Menge Menschen, aber noch viel mehr Gesichter, denn jeder hat mehrere. Da sind Leute, die tragen ein Gesicht jahrelang, natürlich nutzt es sich ab, es wird schmutzig, es bricht in den Falten, es weitet sich aus wie Handschuhe, die man auf der Reise getragen hat. Da sind sparsame, einfache Leute; sie wechseln es nicht, sie lassen es nicht einmal reinigen. Es sei gut genug, behaupten sie, und wer kann ihnen das Gegenteil nachweisen? Nun fragt es sich freilich, da sie mehrere Gesichter haben, was tun sie mit den anderen? Sie heben sie auf. Ihre Kinder sollen sie tragen. Aber es kommt auch vor, daß ihre Hunde damit ausgehen. Weshalb auch nicht? Gesicht ist Gesicht.

Andere Leute setzen unheimlich schnell ihre Gesichter auf, eins nach dem anderen, und tragen sie ab. Es scheint ihnen zuerst, sie hätten sie für immer, aber sie sind kaum vierzig: da ist schon das letzte. Das hat natürlich seine Tragik. Sie sind nicht gewohnt, Gesichter zu schonen, ihr letztes ist in acht Tagen durch, hat Löcher, ist an vielen Stellen dünn wie Papier, und da kommt dann nach und nach die Unterlage heraus, das Nicht-Gesicht, und sie gehen damit herum.«[3)]

Ich gehöre nicht zu denen, die ausgesprochen oder unausgesprochen die Illusion nähren, es habe eine gute alte Zeit gegeben oder gar, man könne zu ihr zurück, wenn man nur wolle. Die Entwicklung der letzten dreihundert Jahre, die Entwicklung des Kapitalismus, des Industrialismus, aber auch die parallele Entfaltung des modernen Verfassungsstaates haben für Millionen von Menschen neue, vorher unbekannte Lebenschancen. Wahlmöglichkeiten – nach Dahrendorf »Optionen«[4] – gebracht. Aber natürlich hat die Ökonomisierung und Verrechtlichung menschlicher Beziehungen auch einstmals selbstverständliche Normen zersetzt. Wo gesellschaftlicher Aufstieg fast unmöglich war, verblieb man auf einer festgelegten Lebensbahn, ohne deswegen in seiner Umwelt in Mißkredit geraten zu können. Wo mehrere Lebenswege offen sind, muß man sich selber einen suchen; gegen die Anstrengung dieses Geschäfts protestiert heute eine ganze halbe Generation. Pasolinis *Freibeuterschriften* formulieren die extremsten Erfahrungen dieses Protests; sein Bäckerjunge, der früher zerlumpt, klassenbewußt und fröhlich war und der heute gut verdient, gut wohnt und gekleidet ist wie jeder, dafür aber ernst, traurig und degradiert, weil sein »kulturelles Modell« zerstört worden ist, kann als Symbol dienen. Der Untertitel der *Freibeuterschriften* lautet: Die Zerstörung der Kultur des Einzelnen durch die Konsumgesellschaft.[5]

Ich bin gegenüber einer Idealisierung der »kulturellen Modelle« des Arbeiterelends ziemlich immun; aber auch flott-zynische Sprüche helfen nicht darüber hinweg, daß an der Kulturkritik am Industrialismus

etwas ist, auch wenn sie immer in Gefahr ist, in linke oder rechte, jedenfalls aber tödliche Sackgassen zu geraten. Optionen, sagt Ralf Dahrendorf, müssen durch Bindungen, durch Ligaturen ergänzt werden. Aber wie und durch welche? Dahrendorf gesteht gleich zu: »Die Stiftung von Bindungen, in denen die Möglichkeiten der modernen Gesellschaft nicht geleugnet, sondern akzeptiert und bewältigt werden, ist das ungelöste Problem unserer Zeit.«[6)]

Nun könnte man noch immer fragen, ob ich hier als Politiker nicht das Geschäft des Philosophen oder gar des Theologen betreibe. Der Kampf um die eigene Lebensgeschichte kann keiner dem anderen abnehmen. »Die durchgehaltene Identität« – sagt Jürgen Habermas in *Erkenntnis und Interesse* – »ist das Siegel auf die Überwindung der gleichwohl beständig gegenwärtigen Korruption unseres Lebens.«[7)] Diese beständig gegenwärtige Korruption werden wir nicht überwinden. Wohl richtig. Trotzdem warne ich vor allzuviel lebenskluger Gelassenheit. Denn einige von denen, denen bewußt wird, daß ihre Lebensgeschichte nur durch einigermaßen ordentliche Anzüge zusammengehalten wird und durch nichts sonst, fangen an zu schießen, und der Terrorismus ist nicht deshalb ungefährlich geworden, weil er in den letzten Jahren in Deutschland keine Erfolge mehr hatte. Und viele von denen, denen der Zusammenhang unbewußt bleibt, werden von freudloser Aggression umgetrieben. Die bleibt zivilisiert und kanalisiert, solange das eigene Unglück mit materiellem Wohlstand zugeschüttet werden kann. Die Frage ist, wie lange dieses Rezept funktioniert.

Deshalb lautet meine erste These: *Der moderne Industrialismus gibt dem Menschen die Chance, bürdet ihm aber auch die Last auf, sich seine eigene Identität zu suchen. Wenn die Lebensmächte einer Gesellschaft die Kraft verlieren, Identitätsangebote zu machen, wird diese Gesellschaft zur Wolfsgesellschaft. Denn der Identitätsverlust schlägt bei vielen Menschen in Aggression um; und die Irrenhäuser und Gefängnisse sind nicht groß genug, um das Problem zu regulieren.*

Wer nicht so recht glaubt, daß ich hier von wirklichen Problemen rede, weil ihn der Singsang der Normalität einer hocheffizienten Volkswirtschaft betäubt, dem empfehle ich Jochen Schimmangs Buch: *Der schöne Vogel Phönix – Erinnerungen eines Dreißigjährigen*[8)]. Es schildert den Weg eines jüngeren Angehörigen der APO-Generation in eine K-Gruppe und aus dieser K-Gruppe wieder heraus. Ein ungemein lohnendes Weihnachtsgeschenk für Eltern der oberen Mittelschicht. Der Autor schildert seinen Weg aus den »wunderbaren Jahren« der Kindheit und Pubertät, in denen ein eigenes Gesicht noch nicht notwendig war. »Lesen war die Höhle, die Wärme, die Identität«[9)] . . . »wenn ich aus Brechts Gedicht *An die Nachgeborenen* zitierte, zitierte ich mein eigenes Gedicht: Ich war Brecht. Wenn ich über Sartres *Das Sein und das Nichts* sprach, fing ich sozusagen an zu schielen, denn Sartre, das war ich. Wir waren wechselseitig und nacheinander alles, was in jenen Jahren über Zeitungen, Bücher, das Fernsehen und das Kino in unsere Nische übermittelt wurde.«[10)] Natürlich, daß dieses Glück nicht anhielt. Die Schilderung, wie da

einer »zum Mönch mit der Lederjacke« wird – »immer bedacht auf den kleinen Vorsprung, den die Kenntnis einer allgemein unbekannten Fußnote gewährte«[11], ist von großer Eindringlichkeit. Es ist der Versuch, herauszufinden, »wie ein Leben jenseits des Überlebens aussehen könnte«[12]. Getrieben von Angst: »Einen alten Traum träumte ich wieder, immer mit der Schlußszene: Sehr viele Leute, meistens Taschen oder Koffer in der Hand, verabschiedeten sich von mir mit einem Händedruck und nichtssagenden Floskeln wie: ›Also dann auf später mal‹ oder ›alles Gute‹, dabei mit unbeweglichen Gesichtern, die nicht einen Funken Wärme oder Sympathie zeigten, um sich danach auf die Reise zu machen. Zurück blieb ich allein.«[13]

Als er das Aufnahmegespräch mit einem Funktionär seiner späteren Partei führt, das »Kontaktgespräch«, muß er seine Identität konstruieren. »Ihm gegenüber muß ich mich nun selber darstellen. Wie war einer wie ich Linker geworden und dann jemand, der mit den Marxisten, Leninisten sympathisierte? Das war in der Tat eine so schwierige Frage, daß sie eine ehrliche Antwort nicht vertrug. Ich konnte wohl schlecht erzählen von Angelika, von den Höhlen von Schlachtensee oder von der Elektrizität, die es zwischen Lars und mir gegeben hatte . . . Es handelt sich um eine Prüfung und in die konnte die eigene Geschichte nur eingehen, insoweit sie objektiviert wurde mit analytischen und ironisierenden Mitteln. Ich mußte beweisen, daß ich in der Lage war, zu meiner eigenen Geschichte, zu mir selber jederzeit die notwendige Distanz zu wahren. Wer kann es sich schon

leisten, die Wahrheit zu sagen (auch wenn er sie kennt), wenn er sich in einem Bewerbungsgespräch befindet.«[14)]

Ich kann diese Geschichte nicht weiter erzählen. Es gibt mehr Schimmangs als wir alle glauben. Die »diffuse alte Angst vor der eigenen Überflüssigkeit«[15)] steckt in vielen. Und recht hat Schimmang, wenn er formuliert: »Leiden macht rebellisch. Die Rebellion zielt auf das, was allen vorenthalten ist: ein Glück, das mehr als nur privat und zufällig und nicht vom Unglück der anderen gemacht ist.«[16)]

Ich will nur noch ein Mißverständnis vermeiden: Als ob dieses Identitätsproblem nur für junge Leute oder gar: nur für junge Linke gelte. Es gilt für uns alle und ist nie ein für allemal gelöst. Zum Beispiel die Politiker. Ein schwerer Weg, bis sie die Klientel gefunden haben, die sie als ihre eigene bezeichnen können; das ist heute ja auch anders als zu Zeiten Bebels oder des Herrn von Stechlin. Die gewerkschaftlich organisierten Facharbeiter identifizieren sich mit einem anderen Typus als die Liebhaber von Frommes Leitartikeln in der *Frankfurter Allgemeinen*, und wer in den Zirkeln der Anti-Atomkraftwerk-Bewegung, den Anti-Kriegs-Komitees akzeptiert werden will, muß andere Satzanfänge benutzen als der Redner vor Industrieausschüssen von Industrie- und Handelskammern. Wenn nicht mehr der gelernte Drechsler oder Bauer *seine* Klasse vertritt, sondern wenn einer aus den breiten Mittelschichten nach einer langen Ausbildung entscheiden muß, wen er vertreten will – und versuchen muß, dort akzeptiert zu werden –, ist das ein schwieriger Prozeß.

Ich meine nicht den Zynismus und den Opportunismus, ich meine das *voluntaristische Element*, das darin steckt, wenn einer seine Geschichte sucht. Max Frisch hat darüber ein ganzes Lebenswerk geschrieben. Ich meine das Problem der persönlichen Identität in komplexen Gesellschaften.

2.

Es gibt nicht nur persönliche Identität, sondern auch kollektive. In der Französischen Revolution wurde sie genauso sichtbar wie im deutschen Jahr 1813; leider auch im Berliner Sportpalast. Ich glaube für Europa nicht an die Restitution eines Religionssystems als Basis für kollektive Identität; auch nicht an Ersatzweltbilder, die die Philosophie oder das Wissenschaftssystem zu liefern hätten.[17)] Aber ich halte umgekehrt auch Gesellschaften ohne gemeinsame Perspektiven, ohne ein Minimum an gemeinsamen Zielen, die noch zu verwirklichen sind, also ohne symbolfähige Absichten, die dem einzelnen eine Ich-Überschreitung ermöglichen, für nicht dauerhaft lebensfähig, jedenfalls für äußerst krisenanfällig.

Wenn ich, mit diesem Grundgedanken im Kopf, auf unsere Gesellschaft schaue, komme ich zu meiner zweiten These: *Die industriellen Gesellschaften haben durch den Verlust des Fortschrittsmaßstabes ihre kollektive Identität eingebüßt. Die Kulturkrise, die sie durchleben, wird in Deutschland verstärkt durch die selbstproduzierte Zerstörung der nationalen Identität.*

Ich weiß, schon Edmund Husserl hat von einer europäischen Kulturkrise gesprochen, und vor ihm Nietzsche und vor ihm die Jenaer Romantik und so weiter. Ich behaupte auch gar nicht, irgend etwas Neues erfunden zu haben. Ich diagnostiziere nur, daß ein altes Unbehagen gegen ein nur mechanistisch-manipulatives Verhältnis zur Realität, gegen die Verbiegung des Menschen, eine tiefgehende Angst vor der Zerstörung der Natur erneut durch die industriellen Gesellschaften geht. Der alte Fortschrittsbegriff – die Hoffnung, daß durch den Fortschritt der Wissenschaft, durch weiteres wirtschaftliches Wachstum, durch die Entfesselung der Produktivkräfte die Gesellschaft humaner würde und der Mensch glücklicher, bröckelt rapide ab: und zwar nicht nur bei irgendwelchen alternativen Minderheiten – die nichts anderes sind als ein Symptom; sondern, wie der Club of Rome zeigt, genauso bei den Managern. Durch Umfragen können wir einen massiven »Wertewandel« bei entscheidenden Eliten feststellen; der amerikanische Soziologe Ronald Inglehart spricht von einer »stillen Revolution«. Selbstverwirklichung, Beteiligung, Gemeinschaft rücken als Leitbegriffe vor; die klassischen Tugenden des Industrialismus geraten – jedenfalls bei diesen Eliten – immer stärker in Mißkredit.[18)] Das gleiche kann man im übrigen den Kommunisten prophezeien; lange werden sie mit dem berühmten 24. Kapitel des ersten Bandes des *Kapital*, in dem das Kapitalmonopol als Fessel der Produktionsweise beschrieben und das Sprengen der Fessel gefeiert wird, nicht mehr leben können.

Die europäischen Industriegesellschaften begeben

sich auf die Suche nach einer neuen kollektiven Identität. Bei uns ist dies besonders spürbar; denn unsere vollständige Konzentration auf den materiellen Wiederaufbau eines zerstörten Landes hat uns gar keine Zeit gelassen, so etwas wie eine neue Identität zu produzieren. Daher die ratlose Abwendung eines großen Teils der jungen Generation.

Die Abweichler, die wir unter den kruden Sammelbegriff »Alternative« zusammenfassen, sind nichts als ein Symptom. Ihr übersteigerter Subjektivismus, ihre Sehnsucht nach einem neuen Naturbegriff, ihr häufig mißglückender Epikureismus, ihr Gemeinschaftsradikalismus sind Beispiele für das, was man die Suche nach einer kollektiven Identität nennen könnte. Ob sie wirklich »Gegen- und Vorausbild« einer neuen Wirklichkeit sind, wie der österreichische Sozialist Günter Nenning meint, hängt von der ökonomischen Entwicklung ab.[19)] Solange das durchschnittliche Wachstum des Bruttosozialproduktes so bleibt wie in der Bundesrepublik in den siebziger Jahren, bleiben die »Alternativen« eine hypersensible Sekte. Dann erzeugen sie zwar einen gewissen Widerschein bei den akademischen Eliten, bei der technischen Intelligenz, in den Universitäten. Das ändert auch schon allerhand; aber den main-stream kann es nicht umleiten. Nur wenn wir wirklich eine »Schrumpfökonomie« (Nenning) organisieren müßten, könnten die Sekten zu Avantgarden werden.

Identitätssuche. Selbst die Nation kommt als Sehnsucht wieder hoch, nachdem die skeptische Generation den Begriff und das Problem endgültig unter den Schutt unserer Geschichte begraben hatte, besser:

begraben zu haben glaubte. Hans-Jürgen Syberberg dreht einen monumentalen Film über Hitler und sagt dazu: »Ja, nur hier, in einem Film der Kunst unserer Zeit über gerade diesen Hitler in uns, aus Deutschland, wird Hoffnung kommen dürfen. Für unsere Zukunft müssen wir ihn und damit uns überwinden, besiegen, und nur hier kann eine neue Identität durch Anerkennung und Trennung, Sublimierung und Arbeit an unserer tragischen Vergangenheit gefunden werden.«[20)]

Und Thomas Schmid, Jahrgang 1941, sagt: »Ich werde die deutschen Schrecken gewiß nicht vergessen – aber ich will auch mein Deutschsein nicht länger vergessen, überspielen. Wo das deutsche Grauen liegt, da liegt auch ganz nah dabei die deutsche Faszination. Und ich möchte mich beiden nähern. Gefährlich ist das gewiß – wer das aber faschistoid nennt, der beeindruckt mich nicht mehr.«[21)]

Ich habe mich immer auf der Seite derer gefühlt, die Thomas Mann in seinen *Betrachtungen eines Unpolitischen* als westliche Zivilisationsliteraten angegriffen hat. Ich empfinde heute nicht anders. Aber die Gefühle der Menschen ändern sich nicht dadurch, daß wir sie nicht verstehen wollen. Wie verhindern wir, daß die Sehnsucht nach kollektiver Identität wieder in deutschen Räuschen endet?

3.

Ich will nicht apokalyptisch werden. Wir haben dreißig Jahre der Zweiten Deutschen Republik hinter uns; dreißig akzeptable Jahre, nicht ohne schwere Fehler, aber ohne Zusammenbrüche, massenhafte Not, Krieg und politische Verbrechen. Das demokratische Bewußtsein der Bevölkerung ist nicht etwa abgesunken; es hat sich stabilisiert.

Deswegen lautet meine dritte These: *Gesellschaften können mit Kulturkrisen viele Jahrzehnte, vielleicht auch Jahrhunderte existieren. Erst wenn kulturelle und ökonomische Krise in einem historischen Punkt zusammenfallen, explodieren die Konflikte. Weil aber die ökonomische Stabilität der letzten drei Jahrzehnte in den nächsten beiden nicht garantiert werden kann, bedeutet der achselzuckende Verzicht auf kollektive Identität ein waghalsiges Risiko.*

Wir sind ja nicht ohne historische Erfahrungen. Die Anthropologie des homo faber, des »producteur« (Saint-Simon), die Erkenntnistheorie rational-experimentellen Begreifens wird ja heute nicht zum ersten Male angegriffen. Friedrich Schlegel hat in seinen Roman *Lucinde* eine »Idylle über den Müßiggang« eingearbeitet[22)], und der Schwiegersohn von Marx, Paul Lafargue, hat eine Schrift über *Das Recht auf Faulheit* verfaßt: Lenin hat ihm trotzdem 1911 die Totenrede gehalten.[23)] Es gibt eine »subversive Tradition« der antiautoritären, politisch ästhetischen Moderne. »Tanz – Essen – Sprechen – gemeinschaftlich empfinden und arbeiten – Zusammenseyn – sich hören, sehen, fühlen etc. – alles sind Bedingungen

und Anlässe, und selbst schon Functionen – der Wirksamkeit des Höhern – zusammengesetzten Menschen – des Genius etc. Theorie der Wollust, Amor ist es, der uns zusammendrückt. In allen obgedachten Functionen liegt Wollust (Sympathie) zum Grunde . . .« Dies stammt nicht von einem »Alternativen« von heute, sondern von Novalis.[24)] Und doch versank Deutschland zwischen 1813 und den siebziger Jahren des 19. Jahrhunderts in einen tiefen Pessimismus, den die Reaktion ausbeutete.

Die Frühromantik, mag man sagen, war ein winziger intellektueller Zirkel, dessen Utopismus, Feminismus, Subjektivismus gesellschaftlich keine Wirkungen haben konnte. Aber auch die sozialen Bewegungen in dieser geistigen Tradition sind an der Wirklichkeit des Industrialismus gescheitert. Nach 1848 entstand zuerst literarisch, in den siebziger Jahren und später dann auch praktisch eine breite Bewegung von Bürgerinitiativen (wie wir heute sagen würden), die sogenannte Lebensreformbewegung: Zu ihr gehörte die Naturheilbewegung, die Bodenreformbewegung, die Gartenstadtbewegung, die Schrebergartenbewegung, die Freikörperkulturbewegung, aber auch die Abstinenzler-Bünde, die Reformwarenhäuser gründeten, und Teile der Frauenbewegung. Zum Anfang des Jahrhunderts entwickelte sich, in zwei mächtigen hintereinander liegenden Wellen die Jugendbewegung; daneben die Reformpädagogik mit ihren vielfachen Verzweigungen, die Kunsterziehungsbewegung und vieles andere. Schon damals also, wie Hermann Nohl schreibt, die Auseinandersetzung um »neue Lebensformen, neue Formen der Ge-

selligkeit, das Verhältnis der Geschlechter und eine Fähigkeit zu einem neuen Ausdruck, die sich in der Kraft des Gesprächs, wie vor allem in den Festen offenbarte«[25]. Es ging, so sagt er an anderer Stelle, um eine »Abwendung vom Intellektualismus, ein neues Verhältnis zur Sinnlichkeit, dem Körper, das man als Ursprünglichkeit bezeichnete. Ein neuer Wille zum Ausdruck und ein anderes Verhältnis zur Form, auch der gesellschaftlichen. Schließlich dem Utilitarismus der Zeit gegenüber, der vor allem nach Leistung fragte, die Erkenntnis vom Selbstwert und der geformten Persönlichkeit.«[26] Klingt das nicht alles ungeheuer bekannt?

Von der heutigen Alternativbewegung, so könnte man zynisch sagen, wird nicht ein Bruchteil von dem übrigbleiben, was heute noch an Reformhäusern, Landschulheimen, Jugendbünden und Modellschulen aus der damaligen Zeit übriggeblieben ist. Was soll also das große Aufheben um die immer gleichen Wellenbewegungen der Geschichte? Sie flackern auf, und sie fallen auch wieder in sich zusammen. Ich habe zwei Argumente gegen diese fatalistische Interpretation der Geschichte:

Erstens: In diesen Kunstwerken, Theorien, in diesen Versuchen zu gesellschaftlicher Praxis sind Wünsche und Sehnsüchte der Menschheit aufbewahrt, auf die wir nicht einfach verzichten sollten, auf die wir ungestraft nicht verzichten können. Wer sagt, daß sie nur als leidenschaftlich-ohnmächtige Opposition gegen die instrumentelle Vernunft auftreten können? Ist es ganz und gar unmöglich, neben der instrumentellen Funktion der Vernunft auch ihre moralisch-

praktische und ästhetisch-expressive Dimension zu entfalten?

Zweitens: Ich bin nicht sicher, daß uns die Tröstungen des Wohlstandes erhalten bleiben. Damit keinerlei Mißverständnisse entstehen, füge ich hinzu: Ich gehöre nicht zu denen, die die Menschen aus pädagogischen Gründen arm sehen möchten. Ich bin auch kein Malthusianer, der den baldigen Zusammenbruch der Industriekultur wegen Rohstoffmangels, Naturzerstörung und Nord-Süd-Kriegen vorhersagt. Aber ich fürchte merklich geringeres Wachstum, härtere soziale Konflikte und – dadurch verursacht – eine größere Anfälligkeit vieler Menschen für die Ausgeburten der kulturellen Krise: Heilslehren, Sekten, Gewalt.

Ernst Bloch hat den Begriff der »Ungleichzeitigkeit« geprägt und – in seinem bewegenden Buch *Erbschaft dieser Zeit* dargestellt, wie unfähig die demokratischen Parteien der Weimarer Republik waren, die »Ungleichzeitigen«, d. h. also dem Stand der Produktivkräfte nicht angepaßten, sozusagen rückständigen Stimmungen der Menschen, der Bauern zum Beispiel, aber auch der ausgepowerten Angestellten-Schichten, zu verstehen. Seine Folgerung: »Es gibt einen *alles* außer sich selbst vernichtenden Rationalismus. Für seine Phantasie- und Symbollosigkeit war der Triumph der Nazis die Quittung.«[27)] Adorno und Horkheimer haben das folgendermaßen ausgedrückt: »Wie die Prohibition seit je dem giftigeren Produkt Eingang verschaffte, arbeitet die Absperrung der theoretischen Entwicklungskraft dem politischen Wahne vor.«[28)] Ich habe dem nichts hinzuzufügen.

Wir halten an keinem Jahr 1932, wir haben die Chance zur Weiterentwicklung einer entwicklungsfähigen Demokratie. Es bleibt uns, die Sensibilität für das Risiko zu erhalten, das trotzdem nicht wegzuleugnen ist.

4.

Ich schließe mit ein paar notwendig tastenden, vagen Bemerkungen über Prozesse der Identitätsbildung unserer Gesellschaft *in der Zukunft.* Dabei bemühe ich mich zu vermeiden, daß der hohe Ton der philosophischen Identitätsterminologie die ordinären Probleme unseres täglichen Zusammenlebens übertönt.

In einer Gesellschaft, in der wenig Identitätsangebote gemacht werden, muß man fast über jedes dankbar sein. Eine solche Bemerkung enthält zwar einen Verrat an einem »universalistischen«, allgemein gültigen Begriff *vernünftiger* Identität; damit gibt man den Wahrheitsanspruch auf. Gleich, was einer glaubt; Hauptsache, er glaubt irgend etwas – das wäre ein fragwürdiges Programm. Aber, daß ein derartiger Gedanke überhaupt hochkommt, kennzeichnet die psychologische Situation, in der wir uns befinden. Ein Pluralismus von Gruppenidentitäten ist nicht nur leichter steuerbar (Politiker wollen immer steuern!), sondern auch kompromißfähiger als eine unstrukturierte Menge von ratlosen Individuen.

Wenn man strikt an einem universalistischen Identitätsbegriff festhält, wie beispielsweise der Philosoph

Jürgen Habermas[29]), kommt man notwendig zu dem Ergebnis, daß als Bezugspunkt für die neue Identität komplexer Gesellschaften nur eine »erst im Entstehen begriffene Weltgesellschaft« in Frage kommt. Staat, Nation oder Partei können dann nicht mehr der Gegenstand *vernünftiger* Identifikation sein; Staaten seien nicht mehr souverän, Nationen oft im Innern undemokratisch und intolerant, Parteien interessenbestimmt. Aber was fange ich politisch-psychologisch mit der Weltgesellschaft an? Sie bietet keinen *interpretierbaren Handlungshorizont*, geschweige denn ein Handlungsfeld für lebende Menschen, die handeln wollen. Die persischen Mullahs sind mit europäischen Technokraten zwar nicht *prinzipiell*, aber doch *de facto* gesprächsunfähig. Aber schon wenn die Kommunikation zwischen dem türkischen Gastarbeiter und dem deutschen Lehrer mißlingt, wird man in deutschen Großstädten in einem Jahrzehnt nicht mehr friedlich leben können.

Ich bleibe deshalb bei dem, was ich als *meine* Gesellschaft zu begreifen gelernt habe. Meine letzte These lautet: *Auf die Dauer hält ein gut organisiertes Netz von Waren- und Dienstleistungen allein eine Gesellschaft nicht zusammen. Eine neue »kollektive Identität« entsteht weder durch bloßen Rückgriff auf alte Identitäten, noch durch den Ausstieg aus der eigenen Geschichte. Das Schicksal der europäischen Länder liegt eng nebeneinander. Die Entscheidungsfrage ist, ob es gelingt, das historisch auf europäischem Boden gewachsene – wenn auch nie ungefährdet entfaltete – Menschenbild gegen die destruktiven Tendenzen des Industrialismus – die Unterwerfung des Menschen un-*

ter die Logik der Maschine – zu verteidigen. Der Mensch darf nicht Knecht von Mechanismen sein. Zur Erläuterung dieser tastenden, nur als Denkanstoß formulierten, sehr allgemeinen These, drei Bemerkungen.

Erste Bemerkung zur Kritik des ökonomistischen Menschenbildes. Unnötig zu sagen, daß alle, die aus der industriellen Gesellschaft zurückspringen wollen in frühere Stadien der ökonomischen Entwicklung, die Wirklichkeit verfehlen. Genauso aber die, die die Motive des Menschen schlicht in materielle und ideelle klassifizieren, um dann so zu tun, als ob nur die materiellen die Welt bewegen. Karl Polanyi hat dazu gesagt: »Aristoteles hatte recht, der Mensch ist kein ökonomisches, sondern ein soziales Wesen. Sein Interesse gilt nicht so sehr der Sicherung seines individuellen Vorteils durch Erwerb materiellen Besitzes, sondern richtet sich eher auf soziale Anerkennung, sozialen Status und soziale Werte. Besitztümer wertet er primär als Mittel zu diesem Zweck. Seine Antriebe sind ›gemischter‹, was auf sein Bemühen um soziale Anerkennung zurückzuführen ist; produktive Ergebnisse sind nicht mehr als ein Begleiterscheinen dessen. Die Ökonomie ist durchgehend in die *sozialen* Beziehungen des Menschen eingebunden. Der Wandel zu einer Gesellschaft, die – im Gegensatz dazu – dem ökonomischen System unterworfen wurde, stellt eine vollkommen neue Entwicklung dar.«[30)]

Seitdem dies geschrieben wurde, im Jahre 1946, ist die Laissez-faire-Philosophie, gegen die Polanyi sich wandte, stark zurückgedrängt worden. Eine Gesellschaft mit Betriebsverfassung, Mitbestimmung und

direkter Forschungsförderung hat sich von der »Spaltung der menschlichen Lebenseinheit in einen wirklichen, materiellen Werten unterworfenen Menschen und sein ideelles, besseres Selbst« entfernt[31]. Aber Polanyis Satz: »Heute stehen wir vor der lebenswichtigen Aufgabe, die Lebensfülle des Einzelnen wieder herzustellen, selbst wenn dies eine technologisch weniger effiziente Gesellschaft bedeuten sollte«, ist noch immer richtig.[32] Können wir mit diesem Satz etwas anfangen – praktisch, außerhalb von Predigten, Wahlreden und Universitätsvorlesungen?

Zweite Bemerkung über das Verhältnis von Forschung und der Verwertung von Forschungsergebnissen. Dem blinden Vertrauen in Wissenschaft und Forschung folgt heute oft eine blinde Angst. Es mögen noch Minderheiten sein, die von dieser Angst erfaßt worden sind; aber sie gründen schon freie Republiken in der Bundesrepublik. Zwar werden die noch nicht alt, aber sicher ist: Die Wissenschaft hat ihren Kredit bei einem Teil der Bevölkerung verspielt. Wenn daraus eine Reglementierung der Grundlagenforschung folgt, geht diese Gesellschaft zugrunde. Denn sie kann nur überleben – auch das ist ihr inneres Gesetz – wenn sie die von ihr selbst angerichteten Schäden durch immer neue Entdeckungen wegarbeitet. Die Vermutung, daß von uns eingesetzte Kontrollgremien, die die Wissenschaft überwachen, auf lange Sicht sehr viel intelligenter und undogmatischer wären als die, die einst Galilei überwachten, ist mehr als unwahrscheinlich. Es ist aber auch nicht auszuschließen, daß die neuen Erkenntnisse der Zell-Biologie neben wirksamen Krebsmitteln (Interferon)

auch Organismen produzieren, die wir nicht mehr beherrschen können. Was dann?

Ich nenne zwei Beispiele für teure Forschungsentwicklungen, die *nicht* umgesetzt wurden: Ein großes amerikanisches Überschallflugzeug und biologische Waffen im Zweiten Weltkrieg. Können wir sicher sein, daß in beiden Fällen das Nachdenken die Gewinnsucht gebremst hat? Und: Wie erreichen wir, daß es in zwanzig Jahren mehr und überzeugendere Beispiele als diese beiden gibt?

Dritte Bemerkung über Gemeinschaft und Gesellschaft. Wir erleben in der jüngeren Generation eine neue Welle der Direktheit. Alle duzen sich; Konventionen sind verpönt, das Zeremoniell lächerlich, Kultiviertheit und Balance verdächtig, Spontaneität ist ein Wert an sich. Ein Zufall ist das nicht. Der Soziologe und Philosoph Helmuth Plessner schreibt schon 1924: »Maßlose Erkaltung der menschlichen Beziehungen durch maschinelle, geschäftliche, politische Abstraktionen bedingt maßlosen Gegenentwurf im Ideal einer glühenden, in all ihren Trägern überquellenden Gemeinschaft. Der Rechenhaftigkeit, der brutalen Geschäftemacherei entspricht das Gegenbild: Die Seligkeit besinnungslosen Sich-Verschenkens . . .«[33] Wie verhindern wir, daß der Sozialstaat zu einer abstrakten Verteilungsmaschinerie wird? Wie unterfangen wir das unentbehrliche *große* soziale Netz durch »Kleine Netze«?[34] Plessner hat im selben Buch auch geschrieben: »Der Mensch muß, um sich zu vollenden und mit eigenen Mitteln aus der Verzweiflung seiner Innerlichkeit sich zu erlösen, von der Sphäre der Lebensgemeinschaft in die der Gesell-

schaft übergehen, um schließlich in der Sphäre der Sachgemeinschaft des Geistes und der Kultur die definitive Ruhe seines Selbstbehauptungsdranges zu finden.«[35)]

Wie verhindern wir, daß eine in Jahrhunderten entwickelte *gesellschaftliche Kultur* verdrängt, vergessen wird oder gar zerfällt?

Menschliche Identität. Im Jahre 1796 erschienen anonym *Untersuchungen aus dem Natur-, Staats- und Völkerrechte*; sie waren von Johann Adam Bergk. Es war kurz nach der Französischen Revolution. Die damaligen Verhältnisse, meinte Bergk, könnten keinen Patriotismus entstehen lassen. Nicht das Geburtsland bringe ihn schon hervor; kein Fürst könne ihn schaffen und keine Gewalt ihn herbeizwingen; »nur durch eine Angelegenheit, die alle Bewohner durch ihre Würde, Wichtigkeit und Größe interessiert« könne er erweckt werden.[36)]

Vielleicht sollten wir diese Frage des achtzehnten Jahrhunderts, das neunzehnte überspringend, aufgreifen: Können die *heutigen* Verhältnisse Patriotismus entstehen lassen? Finden wir eine Angelegenheit, die alle durch ihre Würde, Wichtigkeit und Größe interessiert? Diese Fragen hören sich akademisch an. Sie sind politischer als viele glauben.

Antagonistische Kooperation

Der belagerte Staat –
300 Jahre nach Hobbes

Man sieht, wie der Staats-Scheißkerl wächst,
wie schwarz seine Mitesser sprießen,
seine Todesarbeiter, Hundeführer
und Deklamatoren. Am frühen Morgen,
wenn die Regale sich füllen im Supermarkt,
sind keinerlei Leichen zu sehen.

Hans-Magnus Enzensberger

»Die politische Realität« – sagt Hans Magnus Enzensberger im schon berühmt gewordenen *Kursbuch 56*, das unter dem Thema »Unser Rechtsstaat« steht –, »die politische Realität, mit der wir es hier zu tun haben, ist offenbar ein Kuddelmuddel. Was in den Köpfen jener Leute vorgeht, die Westdeutschland regieren, das zu ermitteln ist eine kaum lösbare Aufgabe. Man hat den Eindruck, daß sie ziemlich durcheinander sind.«[1)]

Mag sein, daß ich mich gar nicht getroffen fühlen müßte; vielleicht meint Enzensberger nur die Richtlinienbestimmer, die Innenminister, Geheimdienstchefs. Aber so leicht mache ich es weder ihm noch mir: Ich will mich getroffen fühlen.

Nun wäre es nicht sonderlich schwer, den Vorwurf einfach zurückzugeben: Es ist ja beispielsweise auch gar nicht so leicht festzustellen, was in den Köpfen jener Regierungskritiker vor sich geht, die noch vor

sieben oder acht Jahren angeblich ganz genau gewußt haben, wohin sie den westdeutschen Staat verändern wollten. Vielleicht sind nicht nur die Amtsinhaber durcheinander. Aber da diese Replik nur eine sehr kurzfristige Entlastung bringt, wende ich mich sofort der Realität zu, die Enzensberger als ein »Kuddelmuddel« erscheint. Welche Erfahrungen macht man mit dem Staat, wenn man Teil dieser großen Maschine ist, wenn man im Inneren des »künstlichen Tieres«, des »animal artificiale« sitzt, wenn man einer der winzigen Menschen ist, aus denen Thomas Hobbes' *Leviathan* in der Titelvignette der ersten englischen Ausgabe von 1651 zusammengesetzt ist?

Ich greife zwei Beispiele aus meiner Tagesarbeit heraus. Sie betreffen die Handlungsfähigkeit und die Planungskapazität des Staates in der Bundesrepublik. Man kann hinzufügen: In anderen liberal-demokratischen Systemen ist es nicht viel anders.

Handlungsfähigkeit: Berufsbildung

Alle Bildungspolitiker, gleichgültig aus welcher Partei, beschwören den Rückstand der beruflichen Bildung. Richtig ist, daß sich die staatliche Reformpolitik auf den Bereich konzentriert hat, auf den der Staat zugreifen konnte: auf die öffentlichen Schulen; und daß zusätzliche Mittel eher in die Schulen flossen, die eine starke Lobby hatten, also eher in die Gymnasien als in die Berufsschulen. Die Folge: Die Kluft zwischen Berufsbildung und akademischer Bildung hat sich weiter vertieft, statt daß sie verringert

worden wäre. Wer irgend kann, schickt seine Kinder übers Gymnasium an die Hochschule, weil dort die besseren Lebenschancen verteilt werden.

Wollte man gegen diese Entwicklung angehen, müßte man die Qualifikation der Ausbilder erhöhen, Ausbildungsbetriebe ohne ausreichende Ausbildungsmittel ausscheiden, dafür sorgen, daß nicht nur die wenigen ausbildenden Betriebe für die Ausbildung zahlen, sondern alle, da ja auch alle später gut ausgebildete Fachkräfte wollen usw. Das heißt: Man müßte das Berufsbildungsgesetz von 1969 novellieren, um derartige Entwicklungen auf breiter Front abzusichern.

Um die Sache abzukürzen: Zu einer solchen gesetzgeberischen Aktivität besteht in absehbarer Zeit keinerlei Chance. Schon die Koalition wird sich auf ein solches Gesetz nicht einigen; einigte sie sich aber, wird sie spätestens im Bundesrat an dem Veto der CDU-regierten Länder scheitern. Das Wahlergebnis vom 5. Oktober 1980 hat dieses simple Rechenergebnis bekräftigt; aber selbst eine absolute Mehrheit der SPD im Deutschen Bundestag, die nicht einmal gegen Strauß zu erreichen war und also in aller übersehbaren Zukunft erst recht nicht zu erreichen sein wird, hätte an diesem Ergebnis nichts geändert. Bestimmte Regelungen, die zur Zeit in der Bundesrepublik diskutiert werden – beispielsweise bei der Finanzierung der beruflichen Bildung –, könnten überdies noch beim Bundesverfassungsgericht stranden. Dies bedeutet: Das Arrangement unserer Verfassungsorgane bildet die knappen Mehrheitsverhältnisse in unserer Gesellschaft auf der Ebene der Gesetzgebung scharf

gestochen ab. Jeder kann den anderen am Handeln hindern; denn eine knappe Mehrheit der CDU im Bundestag oder eine neue Koalition zwischen CDU und FDP würde die SPD in den Ländern stärken. Aber keiner kann tun, was er eigentlich tun will.

Die Welt geht nicht unter, wenn das Berufsbildungsgesetz nicht geändert wird, werden die erfahrenen und gelassenen Kommentatoren unserer ausgewogenen, liberalen Medien sagen. Richtig. Aber was sich im Kopf eines jungen Betriebsrates tut, der die gelernten Friseusen betreuen muß, die in seine Fabrik ans Fließband kommen, das bleibt den gelassenen Kommentatoren verborgen; es würde im übrigen auch die Ausgewogenheit ihrer Medien stören.

Schlagkräftiger als dieses ist das zweite Beispiel. Denn die Höherqualifizierung der beruflichen Bildung ist natürlich ein in unserer Gesellschaft heftig umstrittenes Ziel. Relativ unumstritten aber dürfte sein, daß man die Hochschulabsolventen, die man erst einmal ausgebildet hat, nicht arbeitslos auf der Straße stehen lassen sollte.

Planungskapazität: Ein »Teilarbeitsmarkt«

Die Rechnung ist sehr simpel: In dem Jahrzehnt von 1980 bis 1990 ist aufgrund der starken Geburtenjahrgänge mit einer erheblichen Steigerung der Hochschulabsolventen zu rechnen. Die Prognostiker sagen: Die Zahl der Hochschulabsolventen, derzeit etwa 120000 im Jahr, wird Ende der achtziger Jahre auf 170000 bis 200000 steigen.

Parallel zu dieser Entwicklung erhöht sich die Zahl der deutschen Erwerbspersonen um eine gute halbe Million. Das liegt einerseits an neuen Arbeitskräften aus den geburtenstarken Jahrgängen, andererseits an der Tatsache, daß in den nächsten Jahren ziemlich wenig Menschen pensioniert werden. Um in den achtziger Jahren Vollbeschäftigung zu erreichen, werden – berücksichtigt man die heute schon existierende Arbeitslosigkeit – etwa 1,5 Millionen Arbeitsplätze neu geschaffen werden müssen.

Bisher hat der Öffentliche Dienst rund zwei Drittel der Hochschulabsolventen aufgenommen. Die Zahl der Beschäftigten im Öffentlichen Dienst hat sich von 3 Millionen Menschen im Jahre 1960 auf 4,2 Millionen im Jahr 1975 erhöht. Künftig aber, so behauptet der Bundesinnenminister – können nur noch 15 bis 20 Prozent der Hochschulabsolventen im Öffentlichen Dienst beschäftigt werden. Jeder kann sich an den Fingern einer Hand ausrechnen, daß die Wirtschaft, die bisher rund 20 Prozent der Hochschulabsolventen genommen hat, die Lücke, die da entsteht, nicht füllen kann.

Wohl gemerkt: Der Streit, ob man weniger junge Leute auf die Hochschulen schicken sollte, ist – zumindest für die Entwicklung der achtziger Jahre – sinnlos; diejenigen, von denen wir da reden, sind längst auf den Hochschulen oder in der Oberstufe der Gymnasien. Warum sie im übrigen nicht in der beruflichen Bildung geblieben sind – in Baden-Württemberg genauso wie in Hessen, also fast unabhängig von der politischen Färbung der Landesregierung – habe ich beim Thema Berufsbildung angedeutet. Wer

glaubt, daß man sie mit Kapuzinerpredigten von den Gymnasien hätte fernhalten können, ist ein freundlicher Illusionist. Er sollte Hobbes lesen; etwa das Kapitel 11 des Leviathan, über das »perpetual and restless desire of power after power« (das dauernde und unstillbare Verlangen nach immer mehr Macht).

Der Staat kann in dieser Situation zweierlei tun: Er kann die Entwicklung entweder auf sich zukommen lassen; die Folge werden scharfe soziale Konflikte sein, begleitet von einer lang nachwirkenden Verunsicherung einer ganzen Generation. Oder er kann anstreben, diese Hochschulabsolventen für unbestreitbar existierende, brennend wichtige Aufgaben einzustellen: als Lehrer für Ausländerkinder, bei der Gesundheitsvorsorge, der Behinderten- oder Altenarbeit, der Entwicklungshilfe. Das würde dann aber nicht mit der auf Heller und Pfennig gleichen Besoldung wie heute möglich sein; man müßte mehr Leute einstellen und dafür allen Neueinzustellenden ein bißchen weniger bezahlen als heute.

Ich will diese Rechnung hier nicht vorführen; ich will nur betonen, daß ich keinerlei radikale Vorschläge zur Reform des Öffentlichen Dienstes mache, nichts Systemänderndes, keine Einebnung von gehobenem und höherem Dienst zum Beispiel. Schon sehr viel sanftere Maßnahmen könnten zur Lösung des Problems beitragen. In der hermetischen Sprache des Öffentlichen Dienstes hießen solche Maßnahmen: Funktionsaufschichtungen und Abschichtungen; Eröffnung von Einstiegen für Hochschulabsolventen auch in niedrigere Laufbahnen; funktionelle Verlagerung von Einstiegsebenen; Eröffnung von Zwischeneinstiegen.

Ich will diese Vorschläge gar nicht erst im einzelnen erläutern; denn was ich sagen will, ist: Sie sind chancenlos. Die Verbände des höheren Dienstes wollen die Unterschiede zu den anderen Gruppen unter keinen Umständen kleiner werden lassen. Die Gewerkschaften verweisen auf die (übrigens richtige) Tatsache, daß der Öffentliche Dienst immer mehr Leute eingestellt hat, als er behauptete einstellen zu können – und spekulieren darauf, daß dies auch weiterhin so bleibt. Und die zuständigen öffentlichen Arbeitgeber scheuen nicht nur den Krach mit ihren Tarifpartnern, sondern fürchten sich auch vor dem mühseligen, auch vor Gerichten auszutragenden Kampf, der da bevorstünde, graulen sich vor den neuen Einstellungsprozeduren, die notwendig würden, und vor dem neuen Typus des Bürokraten, der da entstehen könnte. Ergebnis: Wer dieses Thema auch nur antippt, wird, sobald er aus Seminarräumen von Universitäten oder den Hörsälen von Staatsbibliotheken ins Freie tritt, für absolut verrückt gehalten. Zurückhaltend ausgedrückt: für unrealistisch.

Und doch: Geschieht nichts auf diesem Feld, wird die Wut der Betroffenen unvermittelt gegen das Bildungssystem zurückschlagen. Hättet ihr, werden die Realisten von heute dann morgen zu den Bildungspolitikern sagen, die Struktur des Bildungswesens so erhalten, wie sie aus den fünfziger Jahren überliefert war, wäre alles in Ordnung. Das wird dann zwar vollständiger Humbug sein, aber es wird millionenfachen Beifall finden.

So wie die politischen Realitäten nun einmal sind, sagte der Bundesfinanzminister vor dem Deutschen Steuerberaterkongreß 1979, könnten Besitzumstände und Vergünstigungen in großem Umfang kaum je ernsthaft in Frage gestellt werden. Der Vizepräsident des Bundesverfassungsgerichts, Prof. Dr. Wolfgang Zeidler, hat dazu auf dem Deutschen Juristentag 1980 bemerkt: »Fast könnte man glauben, Hans Matthöfer habe mit dieser Formulierung Ulrike Meinhof übertroffen: Ihm sei mit der Formulierung eines präzisen Satzes gelungen, eine überzeugende Begründung für den Terrorismus zu liefern, was sie mit allen schriftstellerischen Bemühungen niemals erreicht hat. Würde nämlich diese Bemerkung des Bundesfinanzministers tatsächlich ein wirksames konstituierendes Prinzip unseres Staatswesens zutreffend beschreiben, könnte man Bestrebungen zum Gebrauch von Gewalt als Mittel des politischen Handelns nicht mit Überzeugungskraft widersprechen. Wo die Möglichkeit zur Reform fehlt, wird Revolution legitim.«[2)]

An den revolutionären Weg glaubt in Deutschland zur Zeit nur eine winzige, versprengte Minderheit. Dafür kommt, bei Rechten wie bei Linken, Hobbes in Mode, und zwar in der Fassung von Carl Schmitt. »Die Epoche der Staatlichkeit geht jetzt zu Ende. Darüber ist kein Wort mehr zu verlieren«, so hat er kühl im 1963 geschriebenen Vorwort zu seiner Schrift *Der Begriff des Politischen* von 1932 bemerkt.[3)] Die Potestates indirectae (die indirekten Gewalten) zerstören den Staat. In seiner *Leviathan*-Interpretation von 1938 heißt es: »Denn die wunderbare Armatur

einer modernen staatlichen Organisation erfordert einen einheitlichen Willen und einen einheitlichen Geist. Wenn mehrere verschiedenartige, miteinander streitende Geister aus dem Dunkeln heraus diese Armatur bewegen, wird die Maschine bald zerbrechen und mit ihr das System einer gesetzesstaatlichen Legalität.«

Dies verdichtet sich heute zu einer schönen deutschen Stimmung; wobei ich nicht hinzufügen muß: Schöne deutsche Stimmungen sind immer überparteilich.

Wie unregierbar ist der Staat?

Ich will mich nicht mit billigem Spott aus der Affäre ziehen. Wer die Rolle des Staates in den westeuropäischen Industriegesellschaften analysiert, kann den »hohen deskriptiven Wert der Unregierbarkeitsthese« (Claus Offe)[5)] schwer bestreiten. Die Diagnose kommt der Wirklichkeit sehr nahe; die Frage ist nur, zu welchen Therapien die Diagnose führt.

Wenn ich, als Mann des Apparats, ein Amtsinhaber – wie Jugendliche das häufig nennen –, eine Realanalyse der Staatstätigkeit in der Bundesrepublik versuche, so komme ich zu drei Feststellungen:

Erstens: Die unterschiedlichen Klassen und Schichten haben sich auf einem hohen materiellen Niveau eingegraben und belauern sich. Wir sind stark genug, um Machtverschiebungen zu den eigenen Ungunsten jeweils zu verhindern. John Locke hat an Hobbes kritisiert, daß es in seinem System die Menschen aus

Angst vor Katzen und Füchsen für Sicherheit hielten, von einem Löwen gefressen zu werden.[6] Bei uns halten Katzen, Füchse und der Löwe sich gegenseitig in Schach. Nur können sich die Menschen in dieser künstlichen Natur nur noch sehr vorsichtig bewegen. Die Gesellschaft kann »ultrastabil«[7] werden, was zu irrationalen Protestformen von Minderheiten führt.

Zweitens: Bei Ulrich Preuss *(Der Staat und die indirekten Gewalten – Steuerungsprobleme der Industriegesellschaften)* habe ich einen Hinweis auf die These von Leo Strauß gefunden, »daß die innere Konsistenz des Leviathan erst in einer aufgeklärten, atheistischen Gesellschaft erreicht werde, in der die Menschen sich nicht vor jenseitigen Mächten fürchten«[8]. Dieser Zustand ist in der Gesellschaft der Bundesrepublik erreicht. Der »rational man« des Hobbes, der berechenbare »homo oeconomicus«, wie wir heute sagen würden, dessen Begierden als Interessen definiert und deshalb gesellschaftlich akzeptiert sind, ist in der absoluten Überzahl. Die Frage ist nur, wie er reagiert, wenn das »commodious living« eines Tages nicht mehr garantiert werden kann. Die großen Organisationen – Parteien, Kirchen, Gewerkschaften – binden nur Minderheiten dieser Gesellschaft. Wer oder was bindet die anderen? Diese Frage gilt für den Fall der ökonomischen Krise; für den Fall der leidlichen Stabilität muß andererseits mit dem gewaltsamen Protest oder aber der gewaltlosen Abwendung derjenigen Minderheiten gerechnet werden, die auf unterschiedliche Weise das »gute Gemeinwesen« suchen – und zwar eben wegen des geringen Handlungsspielraums auf der staatlichen Ebene. In jedem

Fall werden die »zur Realisierung des Rechtszwangs Berufenen«, um eine Wendung von Hermann Heller zu gebrauchen, mit Menschen konfrontiert, die immer unterschiedlichere Lebensentwürfe haben, da sie ökonomisch gegen ihre Klassenlage leben können. Daher Enzensbergers Eindruck vom Kuddelmuddel.

Drittens: Die ökonomischen Rahmenbedingungen, die auf uns zukommen, erzwingen eine schrittweise Einschränkung ökonomischer Spielräume. Eine Befriedigung der individuellen Eigeninteressen durch geldwerte Leistungen, vom Zuwachs abgezweigt, wird in den achtziger Jahren immer unmöglicher. Da ich nicht glaube, daß dies als plötzlicher ökonomischer Einbruch über uns kommt, sondern eher als stetige, fortschreitende Einschränkung, haben wir zur Vorbereitung auf diese Situation meiner Meinung nach noch ein paar Jahre Zeit. Deswegen halte ich die aus der ökologischen Bewegung kommenden Beschwörungen eines plötzlichen Zusammen- oder Umbruchs für Unsinn. Ich glaube allerdings nicht, daß wir noch viel Zeit vertrödeln dürfen.

Wie kann man, wenn man die Wirklichkeit in der Bundesrepublik so sieht, die Unregierbarkeitsthese trotzdem zurückweisen? Die Antwort lautet: Weil sie erstens fälschlicherweise von einem stationären Zustand der Gesellschaft ausgeht – also die Kräfte negiert, die in einer gerade konfliktreichen gesellschaftlichen Entwicklung entbunden werden können; und weil alle Therapien, die sie implizit enthält, teils vollkommen unrealistisch, teils beliebig fungibel sind.

Ich wähle als Beispiel die Argumentation eines Politikers, dem man agitatorische roll-back-Ideologie

mit Sicherheit nicht anlasten kann: des Stuttgarter Oberbürgermeisters Manfred Rommel. An der Auseinandersetzung mit seiner Analyse der »unregierbaren Stadt« wird am ehesten deutlich, wohin die Unregierbarkeitsthese zielt.

Rommel schreibt: »Ich glaube, daß der Rechtsschutz von Interessen einzelner überzogen und der Rechtsschutz für das Interesse der Allgemeinheit unzulänglich ist. Viele sagen, das sei auch berechtigt. Aber ich erlaube mir, daran zu zweifeln, denn die Summe der Einzelinteressen ergibt nicht Gemeinwohl, sondern Chaos, bestimmt nicht eine Verbesserung der Lage des sozial Schwachen, die zu verbessern sich jedermann anheischig macht . . . Die Kommunen, die zwei Drittel der öffentlichen Investitionstätigkeit abwickeln, fühlen sich jedenfalls bei der Erfüllung ihrer Aufgaben schwer behindert, weil es ohne jedes Risiko so vielen möglich ist, Sand in das Getriebe zu werfen.«[9] Rommel wird breite Zustimmung bei vielen Kommunalpolitikern in allen großen Städten und bei allen Parteien finden. Trotzdem zielt er, jedenfalls nach meinen Erfahrungen, in die falsche Richtung.

Kleingärtner, Kohlenhändler und »der Staat«

Ich gebe ein Beispiel aus meiner Tagesarbeit in Berlin aus den Jahren 1977 und 1981. Seit zweieinhalb Jahren ging die Auseinandersetzung hin und her um die Ansiedlung eines ganz bestimmten wissenschaftlichen Institutes in der Stadt Berlin. Boden ist knapp in die-

ser Stadt. Da der gewünschte Standort zu einem großen Teil in der Hand privater Bodeneigentümer war, sollten für sie Ersatzgrundstücke beschafft werden. Eine fast unlösbare Aufgabe, insbesondere bei einem Unternehmen, das mit Kohlen handelt und das für diese Tätigkeit einen Wasseranschluß braucht. Die meisten möglichen Ersatzgrundstücke waren von Kleingärtnern besetzt. Was lag näher, als über Unregierbarkeit zu klagen; denn natürlich waren die Kleingärtner aus ihrem »egoistischen Privatinteresse« heraus nicht bereit, ihre Grundstücke für die Verwirklichung des Allgemeininteresses, den Bau dieses Instituts, zu opfern.

Wirklich? Inzwischen hat sich herausgestellt, daß die Behauptung der betroffenen Universität, das Institut könne nicht neben einer Kohlenhandlung situiert werden, weil der Kohlenstaub die Messungen störe, falsch war. Und es hat sich weiter herausgestellt, daß »der Staat« – eine Gruppe zuständiger Beamter aus unterschiedlichen Verwaltungen – nicht herausbekommen hatte, daß ein Teil der dort lagernden Kohle gar nicht der Firma gehörte, sondern beliebig verlagerbare Reserve für Berlin war.

Das Institut kann jetzt auf dem geplanten Standort gebaut werden; die Kleingärtner können auf ihren Gebieten bleiben. Hätte der Staat aber – in diesem Fall die Zentralverwaltung – die Kompetenz gehabt, einfach von sich aus zu entscheiden – sie hatte sie nicht, weil diese Kompetenz in der zweistufigen Berliner Verwaltung bei den sogenannten Bezirken lag –, wäre längst anders entschieden worden. Unregierbarkeit?

Manfred Rommel wird auf dieses Beispiel mit Gegenbeispielen antworten können, in denen ein gut betuchter Zahnarzt jahrelang den Bau einer Kindertagesstätte oder eines Krankenhauses verhindern kann. Trotzdem ist meine Frage: Wer definiert das »Interesse der Allgemeinheit«, das Gemeinwohl?

Rommels Antwort ist eindeutig: Das Gemeinwohl definieren die kommunalen Volksvertreter. Rommel geht aus von der Idee »einer sich von unten nach oben aufbauenden Demokratie, in der dem Volkswillen größtmöglicher Einfluß gegeben werden soll«.

Also mehr Kompetenzen bei eben dieser Volksvertretung.

Ich habe nicht die Absicht, dem Parlamentarismus das Wasser abzugraben. Trotzdem frage ich – gerade im Hinblick auf die Demokratie in der Gemeinde, die sich ja von anderen Ebenen unseres staatlichen Lebens unterscheidet –: Ist der Parlamentarismus auf der Gemeindeebene wirklich in der Lage, die gesamte Gesellschaft samt ihrer Minderheiten abzubilden? Bietet der besondere Rechtsschutz für Minderheiten, der heute existiert und zweifellos die Handlungsmöglichkeiten einengt, nicht Chancen der Konfliktvermeidung, die unbedingt ergriffen werden müssen, wenn wir die Auseinandersetzungen, wie sie vor zehn Jahren in Berlin stattfanden oder heute in Zürich stattfinden, nicht verallgemeinern wollen?

»Was soll es« – fragt Rommel – »wenn der Staat sich vorbehält, in der Stadt Stuttgart in Tausenden von Fällen festzulegen, ob es sich bei einem Gebäude um ein Denkmal handelt oder nicht? Im Bestreben, falsches Verhalten zu verhindern, wird das Verhalten

schlechthin fast unmöglich gemacht.«[10] War die bedenkenlose Zerstörung alter Bausubstanz nach dem Zweiten Weltkrieg nicht ein Prozeß, der viele Städte in Beton-Agglomerationen verwandelt hat? Wären wir nicht in tausend Fällen froh, wenn manches steingewordene »Verhalten« unterblieben wäre?

Ich breche die Argumentation an dieser Stelle ab. Ich bezweifele nicht, daß wir manches akademische Gremium falsch konstruiert haben und daß es Bestimmungen im Baurecht geben mag, die unsinnig sind. Nur geht man nicht automatisch in die richtige Richtung, wenn man die Kompetenzen der Verwaltung oder auch der Parlamente oder kommunalen Vertretungskörperschaften vergrößert; jede einzelne Entscheidung verlangt eine einzelne Analyse. Die Unregierbarkeitsthese erzeugt eine Stimmung, in der diese einzelnen Analysen nicht mehr angestellt werden. Ich fürchte, wenn man nach ihr verführe, würde man häufiger krisenverschärfend als krisenlösend wirken.

Der Klassenkampf ist nicht mehr gewinnbar

Die Konservativen interpretieren die Krise der Regierbarkeit als eine Abirrung: zuviel Partizipation, zuviel Gesetze, zuviel Ansprüche des Bürgers. Sie werden mit dieser Analyse dem Streben der zur Konkurrenz freigesetzten Menschen nach Gleichheit nicht gerecht; und sie können die »Abirrungen« nicht rückgängig machen, wenn sie den Bürgerkrieg nicht riskieren wollen.

Die marxistische Version dieser Kritik ist in den letzten Jahren kaum mehr vorgetragen worden.

Claus Offe bemerkt mit Recht, daß es keinen »großen Deutungsaufwand« erfordert, »die konstatierte Unregierbarkeitskrise als politisch gebrochene Erscheinungsform des Klassenkonflikts von Lohnarbeit und Kapital, genauer von politischen Reproduktionsforderungen der Arbeitskraft und privaten Reproduktionsstrategien des Kapitals zu dechiffrieren«. Aber er fügt gleich hinzu: »Damit ist freilich nicht mehr geleistet, als bei einer Übersetzungsübung.«[11]) Aber auch wenn man über die »Übersetzungsübung« hinausgeht, auch wenn man herausarbeiten könnte, daß – so Offe – »der in kapitalistischen Gesellschaften wirkende Gegensatz von lebendiger und toter Arbeit, von Arbeitskraft und Kapital ein fundamentaler und hartnäckig sich durchsetzender Konstruktionsfehler dieser Gesellschaftssysteme ist«, selbst dann hat man nichts gesagt, was *uns* weiterhilft. Was mir bei allen Diskussionen mit den Resten der marxistischen Linken in den letzten Jahren unverständlich geblieben ist, ist die Tatsache, daß man es Enrico Berlinguer allein überläßt, die Folgerungen aus dem chilenischen Debakel zu ziehen. Ich bin weit davon entfernt, Sozialkritik wertlos zu finden, nur weil sie nicht sofort soziale Institutionen vorschlagen kann, die die schlechten bestehenden ersetzen sollen. Aber sechzig Jahre nach der großen Oktober-Revolution muß man mit den gemachten Erfahrungen argumentieren dürfen. Wenn ich mich mitten im Atlantik befinde, kann ich die Maschine meines Schiffes auch dann nicht abstellen, wenn ich einen Konstruktions-

fehler entdecke; es sei denn, ein Nachbarschiff nimmt mich auf. Wo wäre dieses Nachbarschiff? Im Klartext gesagt: Der von den indirekten Gewalten belagerte Staat, der nur zu geringen, abgezirkelten Bewegungen fähig ist, kann die eine große, befreiende Bewegung nicht vollziehen; schon gar nicht, wenn er nicht weiß wohin.

Um es noch krasser, für die heimatlose Linke noch schmerzhafter auszudrücken: Der Klassenkampf ist in liberal-demokratisch verfaßten Industriegesellschaften nicht »gewinnbar«, wenn die in den bürgerlichen Revolutionen erkämpften Freiheitsrechte erhalten werden sollen. Wird die Existenz einer der diese Gesellschaften konstituierenden Klassen in Frage gestellt, ist sie stark – und auch rücksichtslos – genug, um im Bürgerkrieg alle bisher geltenden Vereinbarungen des »contrat social« in Frage zu stellen. In aller Regel endet eine solche Auseinandersetzung im Faschismus. Aber auch im umgekehrten Fall – bei einem »Sieg« der Linken – wären die Freiheitsrechte dahin; denn die unterlegene Klasse wäre so stark und resistent und verbittert, daß sie nur mit Gewalt niedergehalten werden könnte. Vor allem: Solche Bürgerkriege pflegen das umkämpfte Sozialprodukt radikal zu mindern; die Not der wirklich Schwachen steigt während der Kämpfe ins Unermeßliche.

Im übrigen sind all diese Überlegungen noch künstlich auf *ein* Konfliktfeld – *eine* Gesellschaft – beschränkt. Bedenkt man, daß unter der atomaren Drohung auch der globale Konflikt der großen Lager nicht »gewinnbar« ist und daß schon alle Versuche, spürbare Vorteile zu erlangen, ein tödliches Risiko

bergen, erübrigen sich so manche Debatten. Sie werden, wie Franz Jonas in seinem nun gewiß nicht »linken« Entwurf einer politischen Ethik bemerkt hat, »antiquiert«.[12)]

Natürlich bleibt, angesichts der auf uns zurollenden Bedrohungen, die Spekulation auf die Regierungsvorteile der marxistisch-leninistischen Einparteienstaaten. Sie könnten schneller »umschalten«; die Frage ist nur, ob ihre vom Volk abgeschotteten Apparate rechtzeitig umschalten wollen.

Konfliktlösung durch Kooperation der Interessengruppen

Der große Sprung ist unmöglich; da plagen mich keine Zweifel. Die Frage aber, die ich beantworten muß, ist, wie sich meine skeptische Analyse der Regierungsfähigkeit liberal-demokratischer Gesellschaften mit der Hoffnung vereinbaren läßt, daß das Kuddelmuddel nicht zur Katastrophe wird.

Ich versuche, die gestanzten Formeln über den demokratischen Sozialstaat zu vermeiden. Krisen, sagt Claus Offe, bevor er in der Analyse abbricht, seien Konstellationen, die historisch produktiv gemacht werden können.[13)] Also versuche ich vorauszudenken, wie sich die Wirklichkeit in den Handlungsfeldern weiterentwickeln wird, die ich vorhin als Beispiele analysiert habe.

Es wird kein Berufsbildungsgesetz geben. Konfliktverschärfung; in einer Phase schwächer werdender Jahrgänge werden die Betriebe wieder um Lehr-

linge konkurrieren. Die Position der Auszubildenden wird stärker. Die Gewerkschaften werden Schritt für Schritt Tarifverträge abschließen. Diese Tarifverträge werden unterschiedlich sein; die reichen Branchen werden akzeptable Regelungen vereinbaren, die armen keine oder unakzeptable. Aus den Disparitäten werden heftige Konflikte entstehen, die dann am Schluß den Staat in die Lage versetzen könnten, ein vereinheitlichendes Gesetz zu verabschieden. Ich veranschlage den Prozeß auf zwei Jahrzehnte, und ich weiß, was diese Prognose bedeutet: weitere zwanzig Jahre, in denen jährlich Tausende und Abertausende junger Leute unzureichend, falsch oder gar nicht ausgebildet werden. Menschliches Leid, dem wir machtlos gegenüberstehen.

Ich weiß, daß es Alternativ-Szenarios gibt; solche mit glückenden staatlichen Vermittlungsangeboten, sagen wir: Lösungen, die die Mitbestimmungsforderungen der Gewerkschaften in ein von den Betrieben selbst organisiertes Finanzierungssystem einbringen; aber auch massive Störungen des sozialen Friedens durch unbewältigte Folgeprozesse der technologischen Entwicklung. Die soziale Atmosphäre kann von einem Kampfbegriff von Solidarität bestimmt sein oder von dem, was ich für das Charakteristikum der westeuropäischen Industriegesellschaften, insbesondere aber der Bundesrepublik halte: von *antagonistischer Kooperation* der Interessengruppen, allen voran der vielfältigen Strömungen der beiden Faktoren Kapital und Arbeit.

Ebenso beim zweiten Beispiel. Es ist denkbar, daß der Druck einiger zehntausend arbeitsloser Hoch-

schulabsolventen das Besoldungssystem des Öffentlichen Dienstes relativ rasch verändert, daß also »Warn-Katastrophen« die Machtstrukturen öffnen; allerdings bedeuten diese Katastrophen, die für andere nur Warnung sind, für die Betroffenen eben: Katastrophe. Es ist aber ebenso denkbar – und heute wahrscheinlicher –, daß das Besoldungssystem sich als widerstandskräftig erweist und daß die Hochschulabsolventen auf einen Teil-Arbeitsmarkt geraten, in dem sie Absolventen der beruflichen Bildung nach unten verdrängen. Die Folge wäre die Radikalisierung bestimmter Zwischenschichten; man kann gerne rätseln wohin – ich vermute: in Deutschland nach rechts.

Viele Entwicklungen sind denkbar; nicht denkbar ist eine sicher vorausschauende Sozialplanung, die Bildungssystem und Beschäftigungssystem konfliktlos aufeinander abstimmt. Jedes Szenario wird im übrigen – eben weil solche Sozialplanung unmöglich ist – die Verfluchung der Planer von gestern nach sich ziehen. Beim Umschalten einer wachsenden auf eine stagnierende Ökonomie ist dieses Schicksal unausweichlich.

Ich weiß, was einige jetzt sagen werden: Dies sei nichts anderes als »liberaler Korporativismus«. Mir bleibt nichts übrig, als diese Beschuldigung gefaßt entgegenzunehmen. Es ist ein Staatszustand, den Rudolf Hilferding erstmals 1924 konstatiert hat. Er sprach von »Denkrichtungen, die die Probleme von Staat und Wirtschaft, von politischer Partei und Interessenverbänden aufwerfen und zugleich die bisherige Staatssouveränität in Zweifel ziehen, zugunsten

einer »*Mit*souveränität der Wirtschaftsverbände«[14]. Über diese bedeutsame Weiterentwicklung des Konzepts vom »organisierten Kapitalismus« sind wir nicht hinausgekommen.

Kooperation setzt ein Gleichgewicht der Kräfte voraus

Als Funktionär dieses Staates verteidige ich das Prinzip der *antagonistischen Kooperation* der potestates indirectae. Ob es funktioniert, hängt von vielem ab; unter anderem übrigens auch von der Geschicklichkeit, mit der die staatliche Bürokratie sich im Geflecht dieser Interessen bewegt. Von ihrer Phantasie und Kompetenz hängt viel ab.

Der Staat ist in dieser reformistischen Version der Staatstheorie *ein* Partner unter anderen; keine »unabhängige« Instanz über der zerklüfteten Gesellschaft, mit Knopfdruck herrschend, sondern beeinflußt und durchsetzt von vielfältigen Interessengruppen und in seiner Souveränität begrenzt. Er verfügt zwar über das legale Monopol der Gewaltsamkeit, muß aber doch jeden wichtigen Schritt, den er tun will, aushandeln. Kein Leviathan; aber auch kein kastrierter Kater, der böse und impotent auf der Schwelle des Hauses sitzt und immer fetter wird.

Kein Zweifel, daß der Staat der »antagonistischen Kooperation« nur dort funktionieren kann, wo die gesellschaftlichen Kräfte zu Antagonismen fähig bleiben; wo die Übermacht *einer* Seite erdrückend wird, wo sie auch den Staatsapparat beherrscht, kann man

die »Kooperation« vergessen. Hegemonie und Kooperation schließen sich aus; mit der hegemonialen Macht kann man nur kollaborieren.

Aber man kann davon ausgehen, daß in den meisten europäischen Industriegesellschaften die Bedingungen für »antagonistische Kooperation« gegeben sind: in Österreich oder Schweden bei einem annähernden Gleichgewicht der Kräfte, in Frankreich oder Italien mit erheblichem Übergewicht des Faktors Kapital, in Portugal oder Griechenland an der Grenze zur Hegemonie der »alten« Klassen. Es ist an der Zeit, diese Wirklichkeit zur Kenntnis zu nehmen; wer sie auf die Begriffe Carl Schmitts oder Lenins bringen will, muß scheitern.

Unter den Bedingungen wachsender Wirtschaften hat dieser Staatstypus unglaubliche Erfolge erzielt. Ich räume ein, daß das gleiche unter den Bedingungen einer stagnierenden Wirtschaft nicht garantiert ist. Ohne die Lernprozesse, die durch kleine und mittlere Warn-Katastrophen ausgelöst werden, ist die Handlungschance in diesem Staat zu gering. Bleiben ihm ausreichende Vorwarnzeiten? Dann hätte er eine Chance, sich als Ordnungs- und Friedenseinheit auch unter neuen Bedingungen am Leben zu erhalten.

Der Sterbliche Gott hat eine neue Rolle

Hobbes hatte seine Maschine – die erste erfolgreiche Schöpfung des »mechanistischen Zeitalters«, wie Iring Fetscher sie in seiner Einleitung zum *Leviathan* genannt hat[15)] – auf einem Vertrag aufgebaut; die

ihren Privatinteressen nachgehenden Individuen bekamen Schutz, dafür gelobten sie Gehorsam. Diesen Zusammenhang durchbricht eine Minderheit heute bewußt. Sie will mit dem Überwachungsstaat nichts zu tun haben; ja sie fürchtet ihn so, daß sie ihn gar nicht mehr kennen will. Es war ein Schlüsselerlebnis für mich, als zweitausend Teilnehmer des TUNIX-Treffens in der Technischen Universität Berlin von mir verlangten, ich solle »meine Bullen« abziehen, nachdem sie gehört hatten, daß Reste ihres Demonstrationszuges sich mit der Polizei Scharmützel lieferten. Sie glaubten mir ebensowenig, wie die Opposition später im Parlament, daß die Polizei und der Wissenschaftssenator völlig unabhängig voneinander operierten, sogar ohne voneinander zu wissen. Der Staat ist ihnen ein monolithischer Block, straff und zentral geführt. Dabei ist die Macht verteilter, als sie glauben.

Damit will ich nicht abwiegeln. Ich weiß, wie unzureichend wir auf die Maschinisierung der geistigen Arbeit vorbereitet sind, an deren Schwelle wir stehen. Die Verbindung von neuen Technologien wie der Integrierten Optik und der Mikroelektronik wird die Überwachungsmöglichkeiten – sowohl in der Industrie, beispielsweise durch Personalführungssysteme, wie auch im Staat – noch einmal gigantisch steigern. Wenn wir die heutige isolierte Datenschutzpolitik nicht zu einer Informationstechnologie-Politik weiterentwickeln, wenn wir die Informationsverwaltungen, die sich aufgrund ihrer eigenen Sprache und ihres Expertenwissens immer mehr selbständig machen, nicht wirksam in *politische* Entscheidungspro-

zesse einbinden, werden sich schon bestehende Gefahren potenzieren.[16)]

Bedenklich aber ist, daß die Rolle des Staates von so vielen falsch eingeschätzt wird; von solchen, die drin sitzen, und von solchen, die draußen stehen. Der sterbliche Gott hat eine neue Rolle: Er ist der Mann, der auf der Wippe steht und dafür zu sorgen hat, daß sie im Gleichgewicht bleibt. Und sie bleibt nicht im Gleichgewicht; ständig ist die Gefahr gegeben, daß einer (was heißt: eine Gruppe) herunterkippt und das ganze Gerät zerschellt.

Ich nehme als Beispiel noch einmal Hans Magnus Enzensberger, einen realistischen, inzwischen schon abgewogenen Intellektuellen. Er hat keine Lust, sagt er, den Zustand der Bundesrepublik – wörtlich: »meines Landes« – schwarz zu malen. Trotzdem sieht er ein »neues Atlantis der allgemeinen inneren Sicherheit« am Horizont auftauchen, einen »sozialdemokratischen Sonnenstaat, eine Insel Felsenburg für Sozialautomaten, gelenkt und gesteuert von den allwissenden und aufgeklärten Hohen Priestern des Orakels von Wiesbaden«[17)].

Ich bin weit davon entfernt, alle Maßnahmen zu verteidigen, die dieser Staat für die Gewährleistung seiner Sicherheit für notwendig hielt oder hält. Der »Rückgriff auf Gesinnungseinheit«[18)], der die Grundlage für die Praxis des Radikalenerlasses war, war ein schwerer politischer Fehler: Bei der Bekämpfung des Terrorismus haben wir Phasen der Hysterie und Intoleranz nicht vermieden. Dateien, die nichts miteinander zu tun haben sollten, mögen immer noch zusammenschaltbar sein.

Aber die Fehleinschätzung der *Art* der hier entstehenden Konflikte durch viele Intellektuelle macht mir Angst. Sie kritisieren mit einer Handbewegung die Rasterfahndung, mit einer Bewegung, die sagen soll: Ist es nicht selbstverständlich, daß hier die blanke Hybris waltet? Aber sie machen sich keinerlei Vorstellungen davon, wie diese Gesellschaft aussieht, wenn nur ein paar Verrückte kurz hintereinander mehrere Bomben legen und mehrmals fünf oder zehn Kinder zerrissen werden – und die Polizei dieser Entwicklung hilflos gegenübersteht.

Berlins Polizeipräsident ist einer jener »fortschrittlicheren Experten der Kontrolle und der Repression«[19], wie Enzensberger sie nennt. In einem Interview in der Schweizer Zeitung *Die Weltwoche* hat er seine Rolle definiert: »Ich gehe davon aus, daß Gewalt immer eskalierend wirkt – auch die Anwendung staatlicher Gewalt. Und die Ordnungskräfte müssen die Geduld haben, die Gewalt so weit wie möglich, schon in der Ausbruchstelle, nach unten zu drücken. Dazu gehört, die Verhältnismäßigkeit der Mittel so zu handhaben, daß man sehr lange eine Störung des Ordnungszustandes erträgt, also beispielsweise entscheidet, einen ganzen Tag den Verkehr umzuleiten, bis den Störern die Geduld ausgeht und sie die besetzte Kreuzung verlassen – ohne Gewalt. Das geschieht in der ersten Phase immer ohne den Beifall der Öffentlichkeit. Auch das muß man ertragen. Denn der konservative Bürger sagt sich: Ich will, daß Ordnung durchgesetzt wird. Aber nur mit Gewalt Ordnung durchsetzen, und das sage ich ganz vorbehaltlos, führt zu keiner anderen Alternative als zum

Bürgerkrieg. Das Teuflische an der Gewalt: Sie wirkt epidemisch.«[20)]

Was die Linke unterschätzt, ist die Gefahr der Gegenreaktion. Übrigens kein ausschließlich deutsches Problem. In Zürich rufen sie jetzt nach Bürgerwehren.

Der Staat muß zuweilen zwischen den Linien operieren

In Berlin stand seit Jahren ein Industriegelände leer; es gehörte früher der berühmten Filmfirma Ufa. Eines Tages besetzten es alternative Gruppen. Sie begannen, die verfallenen Baracken auszumalen und auszubauen. Sie wollten dieses Gelände zu ihrem Kristiania machen. Wie sollte der Staat reagieren? Es gab zwei Optionen. Die eine hieß: verhandeln, dulden, legalisieren. Die andere: verhandeln, abwarten, räumen.

Es ist keineswegs so einfach, sich zwischen diesen Optionen zu entscheiden. In einer Stadt, in der Industriegelände eine seltene Kostbarkeit ist, findet man kein Verständnis bei den Gewerbetreibenden, wenn man solches Gelände unter Wert vergibt. Wo Gesetze für alle gelten, müssen sie auch für alternative Gruppen gelten, das Besetzen von leeren Gebäuden ist rechtswidrig. Die Leute werden es einem nachrechnen, wenn man Rechtswidrigkeit nicht gleichmäßig und überall verfolgt.

Auf der anderen Seite: Man hätte es niemandem erklären können, daß lange leerstehende Gebäude,

die besetzt worden sind, um sie herzurichten, geräumt werden müßten, damit sie anschließend wieder leerstehen. Denn genau dies wäre passiert; für eine rasche industrielle Nutzung wären die baurechtlichen und ökonomischen Voraussetzungen nicht gegeben gewesen. Überdies wäre jede Räumung zu einem Kristallisationspunkt von Gewalt geworden; diejenigen, die die Gelegenheit zur Konfrontation nur suchen – und auch solche gibt es in der alternativen Szene –, wären als erste in die Auseinandersetzung gegangen. Wie Polizeipräsident Hübner sagte: »Ich gehe davon aus, daß Gewalt immer eskalierend wirkt – auch die Anwendung staatlicher Gewalt.«

Es ist eine Lösung gefunden worden; die Gruppen zogen freiwillig ab; anschließend wurde ihnen das Gelände auf Zeit vermietet, günstiger, als vergleichbare Grundstücke vermietet werden; allerdings unter Einhaltung der entsprechenden Vorschriften. Sie wurden freundlich interpretiert, aber nicht gebrochen. Die Beziehungen zwischen Senat und den Gruppen sind immer noch nicht konfliktfrei; und werden es auch nie werden können. Aber die Gruppen leben jetzt dort schon viele Monate; sie beginnen eine eigene Sozialarbeit, sie holen junge Leute aus der Drogenszene heraus, sie passen sich ein in den Bezirk, wenn auch auf ihre Art.

Der Staat, will ich damit sagen, muß zuweilen zwischen den Linien operieren. Er schwebt nicht unantastbar über der Gesellschaft, er ist auch nicht neutral; die Staatsverwaltung ist penetriert von den gesellschaftlichen Gruppen und zumeist natürlich von den stärksten. Aber ich wiederhole meine Diagnose:

Der Staat steht einem Staatsvolk gegenüber, das in seinen Lebensorientierungen immer mehr auseinanderfällt. Ich greife – mit dem Blick auf die Stadt Berlin – nur drei Gruppierungen heraus: die alternative Szene in all ihren Ausfaltungen, die türkischen Arbeiter und ihre Familien, die deutschen Facharbeiter und die technische Intelligenz. Wenn das staatliche Personal nicht – Schritt für Schritt – ein Ethos des Vermittelns entwickelt, eine bewußte Bereitschaft zur Übersetzung, zur Kommunikation, zur Anerkenntnis der Verschiedenheiten, sondern wenn sie, ihre eigene Klientel im Auge, das Mehrheitsbewußtsein exekutiert, wäre es um den inneren Frieden dieser Gesellschaft geschehen.

Kollektive Identität

Hobbes schrieb gegen den Bürgerkrieg an; und zwar in entscheidendem Maß auch gegen den Bürgerkrieg als Glaubenskrieg. Deswegen seine Unterscheidung zwischen der Confessio (Bekenntnis), die der Staat festzulegen hatte, und der Fides (Glaube), die frei blieb.

Wir stehen vor einer anderen Situation. Das Land ist reich, die Leute (jedenfalls in ihrer erdrückenden Mehrheit) glaubenslos. Ein baldiger Absturz in den Bürgerkrieg kann sicher vermieden werden. Aber wir Deutsche haben die Erfahrungen vom kurzen Weg der Weimarer Republik aus der stolzen Stabilität nach 1925 in die Krise der dreißiger Jahre. Zwar wissen wir, daß diese Bundesrepublik lebenskräftiger ist

als die erste deutsche Demokratie in jeder ihrer Phasen; aber wer nicht ganz ohne Geschichtssinn und Erinnerung ist, dem steckt die Angst in den Knochen.

Bei Michael Theunissen habe ich den Hinweis auf die »Herausforderung durch einen passiven Anarchismus« gefunden. Theunissen meint damit nicht nur Oppositionsbewegungen, Aussteiger oder Alkohol- und Drogenabhängige, sondern auch »die Angepaßten, die sich von den letzteren nur durch konformere Mittel der Selbstbetäubung unterscheiden. Sezession und Akkomodation entspringen beide dem Scheitern der Hoffnung auf Partizipation.«[21)]

Es wäre falsch, wenn die Sensibilität für Krisenerscheinungen es einem unmöglich machen würde, das Glück der Normalität zu erkennen, anzuerkennen und zu akzeptieren. Es gibt in diesem Land – und ich behaupte sogar: in steigendem Maß – das, was man Bürgersinn, soziale Verantwortung, politisches Engagement nennen kann. Aber da man auch die Aggressionen registrieren sollte, die da und dort unter der Normalität stecken, scheint mir, daß wir der Suche nach einer kollektiven Identität in der deutschen Demokratie mehr Aufmerksamkeit schenken müssen als bisher.

Ich sage noch einmal: Kein Rückgriff auf Gesinnungseinheit. Die geistige Grundlage dieses Staates kann niemals in einer gemeinsamen Gesinnung liegen. Die religion civile des Rousseau ist tot.[22)] Aber auf die Dauer wollen die Menschen Handlungsmotive, die den Zank um Kindergeld oder Kilometerpauschale übersteigen. Politik muß als Zuspitzung verdrängte, unterdrückte Wünsche aufspüren.

In den Worten des sozialdemokratischen Staatslehrers Hermann Heller: »Wenn alles politisch-juristische Denken nur Ausdruck einer höchst individuellen und historisch-sozialen Situation ist, wenn es zwischen Generationen und Klassen, zwischen Parteien und Nationen keinen Sinnzusammenhalt gibt, dann kann es in der theoretischen und praktischen Politik zwischen ihnen keine Diskussionsbasis, keinerlei rationales Verhandeln, nur noch ein den Gegner gewaltsam niederhaltendes Handeln geben.«

Das mag eine allzu kryptische Bemerkung sein; es ist der Nachteil der Reformisten, daß ihr Realitätssinn sie allzu oft hindert, Phantasie in die Zukunft zu investieren; sie haben sie an der Gegenwart schon verbraucht.

Aber vielleicht wird das, was ich sagen will, an einem Zitat des unglücklichen Edward Gierek deutlich. Es stand am 19. 8. 1980 in der *New York Times*; es könnte aus dem *Leviathan* stammen. Gierek sagte: »Wenn es keinen inneren Frieden gibt, dann verlieren alle anderen Dinge ihre Bedeutung.«

Einerseits unbestreitbar. Andererseits kämpfen die Menschen nicht nur ums Überleben, sondern auch ums gute Leben.

Was ich meine, läßt sich in dem Satz zusammenfassen: Wir müssen versuchen, den Fehler zu vermeiden, der in diesem Satz Giereks steckt. Denn es ist ein Fehler, den wir alle machen können, in Deutschland genauso wie in Polen, wenn auch jeweils nach unserer je eigenen Façon.

Nachwort: ein kurzer Brief an meine Leser

Die Leser, die nicht Sozialdemokraten sind, können dieses Nachwort überschlagen. Es kann ihnen aber auch zur Warnung dienen. Dieses Buch ist nämlich auch ein Kommentar zu Projekten der gewöhnlichen Parteiarbeit.

Die TAZ, das Zentralorgan der nicht-zentralisierbaren »Alternativen«, hat kürzlich Heinrich Albertz über den Militärcoup Jaruzelskis in Polen interviewt. Als der Gesprächspartner allzu realistisch argumentierte, rügten ihn die Redakteure. Die eigentlich Stärke der Friedensbewegung sagten sie, sei doch nicht »Realpolitik«, sondern »moralische Stärke«. – Diese Trennung von Moral und Politik, von Geist und Macht, ist nichts anderes als die Ideologie des deutschen Bürgertums zwischen 1849 und 1933. Der Thomas Mann der *Betrachtungen eines Unpolitischen* war ihr Prophet. Dahin wollen wir nicht zurück. Deshalb bringe ich in Erinnerung, daß ich Parteisekretär bin. Wer die Wirklichkeit verändern will, muß sich auf die Apparate der Macht einlassen.

Den Titelaufsatz zum Beispiel kann man durchaus als Auseinandersetzung mit den Löwenthal-Thesen lesen. Die SPD hat das Thema von der »Identität« nicht umsonst aufgenommen – bei einer Veranstaltung anläßlich des 10. Todestages ihres Theoretikers Willi Eichler. Und Löwenthal hat, wie die öffentliche Reaktion zeigt, mitten in die Selbstverständnisdebat-

te der Sozialdemokratie hineingetroffen. Seine Thesen waren allzu klobig; aber die Vorstellungen von »Integration«, wie sie im allgemeinen in der Publizistik gehandelt werden, sind auch nicht genau genug. Deswegen ist eine systematischere Analyse von »Arbeit« (übrigens das große Thema des Münchner Parteitages 1982 der SPD) dringend notwendig.

Eine moderne Volkspartei, behaupte ich, kann nicht mehr so tun, als ob die Angehörigen der neuen Büroberufe und die »Klasse« der Akademiker und Techniker sozusagen nur als Gäste, nur am Rande geduldet würden. Aber sie muß auch alle Vorkehrungen treffen, daß die Industriearbeiterschaft als »produktivistischer Leistungskern« der Gesellschaft nicht aus den höheren Funktionen gedrängt wird. Das ist ein Problem, das in der schwedischen Sozialdemokratie und der Gewerkschaftsbewegung heute genauso heftig diskutiert wird wie in der deutschen. Die ganze SPD setzt sich deshalb mit dem Problem auseinander, wie der Arbeiteranteil in den höheren Parteifunktionen gesteigert werden kann.

Wie kann man die Dimension »Lebenswelt« für die Partei zurückgewinnen? Auf den Parteitagen der SPD wird es künftig Ausstellungen geben, in denen die praktische Vertrauensarbeit der Ortsvereine, Betriebsgruppen und Arbeitsgemeinschaften präsentiert wird. Die eindrucksvollsten Beispiele werden mit einem (nach Wilhelm Dröscher benannten) Preis ausgezeichnet. Eine neubegründete »Historische Kommission« soll der Organisation Anregungen geben, damit wir unsere Geschichte nicht weiter so verschlampen wie in den letzten Jahrzehnten. Es ist auch

unsere eigene Schuld, wenn der Kampf der Arbeiterbewegung für die Demokratie in Deutschland unbekannt geblieben ist und immer noch viele, zumal junge Leute, glauben, die Demokratie sei ein Exportartikel, den die Besatzungsmächte 1945 bei uns eingeführt hätten. Und daß die Arbeiterkultur für die Sozialdemokratie allzu oft nichts als verstaubte Vergangenheit war und viele von uns bei unseren Feiern vor denselben Buchsbäumen dieselben Streichquartette geigen ließen, die auch schon die mittelständische Industrie erfreut hatten, muß verändert werden. Deshalb ein eigenes Projekt »Kulturpolitik«.

Wenn im übrigen von »Dialog« die Rede ist, ist damit zum Beispiel die Aktion »Kleine Netze« gemeint: ein Versuch, bekannte Politiker dazu zu nötigen, den öden Zirkel unseres Versammlungsbetriebs zu durchbrechen und zehn Abende lang einer Gruppe von jungen Leuten zur Diskussion zur Verfügung zu stehen. Der Kontakt von einzelnen zu einzelnen darf nicht nur Parole bleiben.

»Geist«, sagt der General Stumm in Musils *Mann ohne Eigenschaften* »eignet sich nur in beschränktem Maße zum Regieren.« Und: »Je besser, schöner und geordneter ein Staat ist, desto weniger braucht man darin den Geist, und in einem vollkommenen Staat braucht man ihn überhaupt nicht.« Ein vollkommener Staat sind wir noch nicht. Also müssen wir uns um eine gewisse Beziehung von Theorie und Praxis bemühen.

Anmerkungen

Die Beweglichkeit des Tankers

1) Ich spreche zuerst einmal vom Typus der sozialdemokratischen Parteien Westeuropas, halte es aber für wahrscheinlich, daß die geschilderten Tendenzen allgemeiner zutreffen.
2) Daniel Bell, *Die nachindustrielle Gesellschaft*, Reinbek/Frankfurt a. M./New York 1975, S. 129.
3) André Gorz, *Abschied vom Proletariat*, Frankfurt a. M. 1980, S. 64/65.
4) *Süddeutsche Zeitung*, Nr. 173/1981.
5) Gorz, a. a. O., S. 66.
6) Lars Clausen, »Tarnarbeit«. Ein Gespräch mit Thomas Schmid, *Freibeuter* 8, S. 24 ff.
7) Gorz, a. a. O., S. 75.
8) Es wäre natürlich ein geradezu aberwitziger Irrtum, wenn man die Redeweise von der »sinkenden Bindungswirkung ökonomischer Motive« als neue Version der alten Formel verstehen wollte, heutzutage seien die wesentlichen sozialen Probleme gelöst. Auch heute, in einem der reichsten Länder der Welt, gibt es viele schreiende Ungerechtigkeiten. Aber sie betreffen zumeist nur eine Minderheit der Anhängerschaft der Sozialdemokratie, treten oft überaus »technisch« auf, müssen also anderen Nicht-Betroffenen erst einmal erklärt werden. Auch ökonomisch-soziale Themen sind selbstverständlich weiterhin politisierbar; aber sie sind nicht offenbar, sie müssen angefaßt, aufbereitet werden.

9) »Die traditionelle Arbeiterklasse ist nur noch eine privilegierte Minderheit« (Gorz, a. a. O., S. 64).
10) Gorz, a. a. O., S. 70.
11) Gorz, a. a. O., S. 106.
12) Gorz, a. a. O., S. 106/110.
13) Gorz, a. a. O.
14) Dolf Sternberger »Ein Staats-Tumor«, in *Frankfurter Allgemeine Zeitung* vom 20. 7. 1981.
15) Gorz, a. a. O., S. 107.
16) Vgl. den Aufsatz »Ist die SPD noch mehrheitsfähig«? von Thomas Meyer, *Vorwärts*, Nr. 28/1981 vom 2. 7. 1981.
17) Vgl. Ralf Dahrendorf, »Es ist nicht alles Weimar, was bunt ist«, in *Die Zeit*, Nr. 28/1981 vom 3. 7. 1981.
18) Von links durch die Grünen, von rechts durch Strauß; womit ich beide Tendenzen nicht miteinander verglichen haben will.
19) Christian Meier, *Die Entstehung des Politischen bei den Griechen*, Frankfurt a. M. 1980, S. 21.
20) Vgl. *Global 2000, Der Bericht an den Präsidenten*, Frankfurt a. M. 1980.
21) Alexander Kluge, Oskar Negt, *Geschichte und Eigensinn*, Frankfurt a. M. 1981, S. 500.
22) Erik M. Erikson, *Dimensionen einer neuen Identität*, Frankfurt a. M. 1975, sieht die Verankerungen jeder neuen Identität in der Wirklichkeit: eine neue Faktualität, ein neues Realitätsbewußtsein, eine neue Aktualität, vgl. S. 36 ff.
Unter Aktualität versteht er »eine neue Wirklichkeit, eine historisch neue Weise, sich aufeinander zu beziehen, sich im Dienste gemeinsamer Ziele gegenseitig zu aktivieren und zu stützen«.
23) Meier, a. a. O., S. 248.

24) a. a. O., S. 254/255.
25) a. a. O., S. 259.
26) a. a. O., S. 258.
27) a. a. O., S. 260/261.
28) a. a. O., S. 16.
29) Carl Schmitt, *Der Begriff des Politischen*, 1927, Neuauflage Berlin 1979.
30) Kluge/Negt, a. a. O., S. 1175.
31) a. a. O., S. 1177.
32) a. a. O., S. 1165.
33) a. a. O., S. 1176.
34) a. a. O., S. 1124/1125.
35) Vgl. Ernst Günter Vetter, »Abschied von der glücksorientierten Gesellschaft«, *Frankfurter Allgemeine Zeitung* vom 29. 12. 1979, S. 11. Allerdings darf man Vetter kaum unterstellen, daß *er* seine Erkenntnisse auf die eigene Klientel anwenden möchte. Seine Mahnungen gegen die »Anspruchsgesellschaft« sind ebenso allgemein wie die Appelle der »Unionspolitiker« im Zweifel genauso einseitig an die Gewerkschaften adressiert. Der Artikel ist vielmehr ein klassisches Beispiel für die »ordnungspolitische« Argumentation – über die gesellschaftlichen Konflikte hinweg.
36) Außer dem »realen Sozialismus« und dem autoritären Wohlfahrtsstaat; beides wäre für die Linke natürlich noch schlimmer als der Reformismus.
37) Wolf Dieter Narr, »Die Bundesrepublik Deutschland – Modell einer nachliberalen Gesellschaft«, in *Die Linke im Rechtsstaat*, Bd. 2, S. 25.
38) a. a. O., S. 27.
39) Vgl. *Deutscher Verband für Wohnungswesen, Städtebau und Raumplanung, Landesgruppe Nordrhein-Westfalen:* »Gegensätze zwischen kurzfristigen Er-

fordernissen der Stadtentwicklung, Vortragsveranstaltung vom 31. 11. 1979 [Manuskript].

40) Übrigens keine ganz neue. Man vergleiche beispielsweise den hohen Anteil von früheren Mitgliedern des Internationalen Sozialistischen Kampfbundes (ISK), von »Neubeginnen« und der Sozialistischen Arbeiterpartei (SAP) in der Führung der SPD der fünfziger und sechziger Jahre, aber auch den Einfluß von Heinemanns Gesamtdeutscher Volkspartei in den sechzigern und siebzigern.

41) Vgl. Walter Schulz, *Philosophie in der veränderten Welt*, Pfullingen 1972, S. 712.

42) E. Ionesco, »Für Kultur, gegen Politik«, (s. S. 193).

43) Zit. nach Michael Hereth, *Alexis Tocquille*, Stuttgart/Berlin/Köln/Mainz 1979, S. 77.

44) Vgl. dazu die Einleitung von Jürgen Habermas in dem von ihm herausgegebenen Band *Stichworte zur geistigen Situation der Zeit*, Frankfurt a. M. 1979.

45) Vgl. V. Gizycki, Habicht, a. a. O., S. 117 (F. W. Menne) und Peter L. Berger, Brigitte Berger, Hanfried Kellner, *Das Unbehagen in der Modernität*, Frankfurt a. M./New York 1973.

46) Massenorganisationen können natürlich auch, wie es Hermann Kahn prophezeit hat, die »Gegenreformation der Wohlanständigen und Normalen« vorbereiten. Deshalb ist es so wichtig, daß die Sozialdemokratie als *Partei* ihre Antennen in alle Richtungen ausfährt und sich den Zeittendenzen stellt, ohne sich ihnen opportunistisch anzupassen. Vgl. Gizycki, Habicht, a. a. O., S. 117/118.

47) Hans Magnus Enzensberger, »Eurozentrismus wider Willen«, *Transatlantic*, Nr. 10/1980.

48) Vgl. Peter Bender, *Das Ende des ideologischen Zeitalters*, Berlin 1981, S. 137.

49) Vgl. die vorzügliche Analyse von Thomas Meyer.

50) Jürgen Habermas, *Theorie des kommunikativen Handelns*, Frankfurt a. M. 1981, Bd. II, S. 577.

51) So der »Kampf« um die Startbahn West des Frankfurter Flughafens. Nichts stellt uns davon frei, jeweils zu entscheiden, was Widerstand lohnt oder verlangt – und was nicht. Nicht jede Auflehnung gegen ein Stück Autobahn rechtfertigt sich im Geiste europäischer Identität; oft genug ist nur der schlampig interpretierte Zeitgeist am Werk. Wir müssen in jedem Einzelfall die praktische Vernunft bemühen, statt viel zu früh ins Dämonisch-Unentscheidbare abzubiegen.

52) Helmuth Plessner, *Grenzen der Gemeinschaft. Eine Kritik des sozialen Radikalismus*, Bonn 1924.

53) Damit hat Richard Löwenthal in seinem Artikel »Identität und Zukunft der SPD« in der *Neuen Gesellschaft* 12/1981 sicher recht. Nur: Welcher führende Sozialdemokrat hat versucht, Aussteiger zu fangen? Weil die Hunderttausende, die am bisherigen Kurs des Industrialismus zweifeln, eben nicht als »Randgruppe« zum Feindbild gemacht werden können, hat J. G. Reißmüller schon »Teil-Aussteiger« erfunden. Das sind zwar durchaus Berufstätige im Sinne Löwenthals; aber sie funktionieren nicht mehr so, wie die *Frankfurter Allgemeine* das für geboten hält. »Einen Beruf ergreifen – ja; aber einen möglichst leichten. Arbeiten – ja, aber möglichst wenig. Das Berufsleben verlassen, sobald sich eine Rente erreichen läßt« (*Frankfurter Allgemeine Zeitung*, 11. 12. 1981). Die verfluchten Kerle verweigern die Gießerei und die Arbeit unter Tage. Man fragt sich: Was für Leuten verschafft der alte Sozialist Sering/Löwenthal ein gutes Gewissen?

54) Vgl. *Das Prinzip Verantwortung*, die polemische Antwort auf Blochs *Prinzip Hoffnung* des Neo-Aristotelikers Hans Jonas, Frankfurt a. M. 1979.
55) Oder von den Interessen der »abhängig Selbständigen«, um eine contradictio in adiecto zu gebrauchen. Handwerk, Kleinhandel, »freie« Berufe.
56) Aus einem »Interview mit der TAZ«, *Was ist heute noch links? Ästhetik und Kommunikation akut 6*, Berlin 1981, S. 62.
57) Wenn auch einer »kritischen Aufklärung«. Wenn wir die Vernunft auf die instrumentale Rationalität (der Mittelverwendung und Zwecksetzung) schrumpfen ließen und die einheitsstiftende, systematisierende Kraft von Wertmaßstäben und Prinzipien fahren ließen, wären wir auch zum Abdanken verurteilt. Vgl. dazu J. Habermas, a. a. O., Bd. I, S. 2445. Wir müssen »einen umfassenden Begriff von Vernunft rehabilitieren« (ebenda, S. 509).
58) Vgl. Norman Birnbaum, »Möglichkeiten einer neuen Politik im Westen«, in *Jenseits der Krise. Wider das politische Defizit der Ökologie*, Syndikat-Verlag, o. O. 1976.
59) Aus einem Brief an Charles Stoffels, zitiert nach Michael Hereth, *Alexis de Tocqueville*, a. a. O., S. 76.

Subjekt und Sozialstaat

1) *Berliner Hefte*, Zeitschrift für Kultur und Politik, Nr. 11, Mai 1979, S. 121/22.
2) So Thomas Krüger in *Berliner Hefte,* a. a. O., der mehrere Argumente, die Lessing und Hoffmann-Axthelm (Anm. 4) eher deskriptiv entwickeln, sub-

jektiv-überzeugt und gleichsam namens der Alternativen vorträgt.

3) *Ästhetik und Kommunikation,* Beiträge zur politischen Erziehung, Nr. 33, September 1978, S. 64.
4) Helmut Lessing, Dieter Hoffmann-Axthelm, »Thesen zur SPD-Kultur«, in *Ästhetik und Kommunikation,* a. a. O., S. 67.
5) *Ästhetik und Kommunikation,* a. a. O., S. 69 – Der zentrale Vorwurf lautet: »Mehr Staat ist das Zentrum einer Ideologie, die den SPD-Staat als Subjekt gesellschaftlicher Transformation begreift, einer Veränderung, in der die von der Sozialdemokratie bestimmte Verstaatlichung als Garant des gesellschaftlichen Fortschritts erscheint. Hier ist nicht die Selbstorganisation der Interessen gegen Unterdrückung und Ausbeutung gefragt, die selbständige Verbesserung der Lebensbedingungen und Lebensverhältnisse; Verstaatlichung meint vielmehr, daß mit einer SPD-Herrschaft die politische Kontrolle der Gesellschaft durch den Staat im Interesse aller Bürger erfolgen kann. Das Vermehren des staatlichen Einflusses und das Durchdringen der Entscheidungsorgane mit SPD-Politikern soll die Lebensumstände so weit garantieren helfen, daß eine grundlegende Veränderung unnötig wird« (a. a. O., S. 66).
6) Dieter Hoffmann-Axthelm, »Kultur undsoweiter«, in *Ästhetik und Kommunikation,* Nr. 35, März 1979, S. 104.
7) Alexis de Toqueville, *Die Demokratie in Amerika,* Frankfurt a. M. 1956.

Nicht die »ambivalenten« Jugendschutzbestimmungen des Sozialstaats haben für junge Arbeiter die Jugendphase zu einem »Zustand der Inferiori-

tät« gemacht, wie Helmut Lessing vermutet. Der »Zusammenhang von Jungsein und Unselbständigkeit«, die »Absonderung der Jugendlichen aus gesellschaftlich relevanten Lern- und Erfahrungszusammenhängen« ist die Folge des Zerfalls des »großen Hauses«, der Entstehung von Kleinfamilien, der Trennung von Wohnung und Arbeit. Schulpflicht und Jugendschutz waren die (notwendige) Folge dieser Entwicklung. (Helmut Lessing, »Jugendpolitik oder Politik zum Selbermachen«, in *Ästhetik und Kommunikation,* Nr. 35, März 1979, S. 104.)

8) Kurt Biedenkopf, *Fortschritt in Freiheit,* München 1973; Helmut Schelsky, *Der selbständige und der betreute Mensch,* Stuttgart 1976.

9) Und: Wer den Sozialstaat kritisiert, muß sich ein Konzept für die Kooperation von Staatsapparat und Bürgern zurechtmachen, das dem Apparat mindestens noch die Chance läßt, sinnvoll zu handeln.
Wenn der Staat repressiv sein muß, damit die Bürger bewußt werden können – Hoffmann-Axthelm formuliert am Beispiel der Kölner und Kreuzberger Feuerwachen die Maxime, daß solche Objekte ihren »vollen Reiz wirklich erst als abgerissen« entfalten, als Kristallisationspunkt von Kampf: »Wenn du es mir schenkst, brauche ich es nicht, ich muß es mir selber klauen dürfen« – dann gerät Politik zum altchinesischen Maskenspiel: ein paar müssen die bösen Geister machen, die anderen übernehmen die Rolle der Lichtgestalten. (»Kultur undsoweiter«, a. a. O., S. 11.)

10) Der Abschnitt 2 dieses Aufsatzes verdankt viel dem ebenso knappen wie präzisen Buch von Johan-

no Strasser, *Grenzen des Sozialstaats*, Köln/Frankfurt a. M. 1979; hier: S. 98.

11) Strasser, a. a. O., S. 102.

12) Strasser, a. a. O., S. 107 ff.

13) Vgl. hierzu die Arbeiten von Hartmut von Hentig zu Bildungsfragen sowie von Ivan Illich zu Fragen der Gesundheitspolitik bzw. zur Sozialpolitik allgemein. Zum Streit, ob man den Tiger reiten kann, immer noch Rosa Luxemburg vs. Eduard Bernstein.

14) Julius Posener, »Wohnen mit leichtem Gepäck«, in *Ästhetik und Kommunikation,* Nr. 35, S. 7.

15) Posener, a. a. O., S. 8.

16) Strasser, a. a. O., S. 116/17.

17) Antonio Gramsci, *Il Risorgimento*, 1949, hier zitiert nach Giuseppe Fiori, *Das Leben des Antonio Gramsci,* Berlin 1979, S. 219.

18) Eugène Ionesco, »Für Kultur, gegen Politik. Von der Notwendigkeit, den Materialismus zu überwinden«, abgedruckt in *Süddeutsche Zeitung,* 11./12. 8. 1979.

Die politische Kultur der neuen Sozialdemokratie

1) Vgl. Peter Glotz, *Die Innenausstattung der Macht. Politisches Tagebuch 1976–1978,* München 1979, S. 150.

2) Vgl. Peter Glotz, *Der Weg der Sozialdemokratie. Der historische Auftrag des Reformismus,* Wien/München/Zürich 1975, S. 11.

3) Vgl. Thomas Schmid, »Die Flugbahn des spitzen Hutes«, in *Freibeuter,* Nr. 1, Berlin 1979, S. 79 ff.

4) Peter Glotz, »Subjekt und Sozialstaat. Zum Angriff

der Alternativen auf die ›SPD-Kultur‹ « in diesem Band.

5) Bernd Rabe, *Der sozialdemokratische Charakter,* Frankfurt a. M. 1978.

Über politische Identität

1) Joachim Ritter (Hrsg.), *Historisches Wörterbuch der Philosophie,* Bd. 4, K. 148.
2) ebda., K. 150.
3) Rainer Maria Rilke, *Sämtliche Werke,* Insel-Werkausgabe, Bd. 11, S. 711/12, Frankfurt a. M. 1975.
4) Vgl. Ralf Dahrendorf, »Kulturpessimismus vs. Fortschrittshaltung«, in Jürgen Habermas (Hrsg.), *Stichworte zur geistigen Situation der Zeit,* es 1000, Frankfurt a. M. 1979, Bd. 1, Seite 213 ff.
5) Pier Paolo Pasolini, *Freibeuterschriften. Die Zerstörung der Kultur des Einzelnen durch die Konsumgesellschaft,* Berlin 1979.
6) Dahrendorf, a. a. O., S. 228.
7) Jürgen Habermas, *Erkenntnis und Interesse,* Frankfurt a. M. 1968, S. 194.
8) Jochen Schimmang, *Schöner Vogel Phönix. Erinnerungen eines Dreißigjährigen,* Frankfurt a. M. 1979.
9) ebda., S. 11.
10) ebda., S. 43.
11) ebda., S. 128.
12) ebda., S. 167.
13) ebda., S. 140.
14) ebda., S. 149.
15) ebda., S. 165.
16) ebda., S. 245.
17) Jürgen Habermas, »Können komplexe Gesell-

schaften eine vernünftige Identität ausbilden?«, in Jürgen Habermas, Dieter Henrich, *Zwei Reden,* Suhrkamp Taschenbuch, Frankfurt a. M. 1974, S. 51.

18) Ronald Inglehart, »The Silent Revolution in Europe«, in *Am. Pol. Sc. Rev.,* Vol. LXV, 1971.

19) Günter Nenning, »Das schönste Rot ist grün«, erschienen in *L 80,* Oktober 1980, Heft 15.

20) Zit. nach Iring Fetscher, »Die Suche nach der nationalen Identität«, in Habermas, *Stichworte zur geistigen Situation der Zeit,* a. a. O., S. 119.

21) Fetscher, a. a. O., S. 121.

22) Gerd Klaus Kaltenbrunner, »Faulheit und Revolution« I/II, in Gisela Dischner, Richard Faber, *Romantische Utopie – Utopische Romantik,* Hildesheim 1979, S. 135 ff.

23) ders. »Faulheit und Revolution« III/IV, a. a. O., S. 174 ff.

24) Gisela Dischner, Richard Faber, *Romantische Utopie – Utopische Romantik,* Hildesheim 1979, S. 333.

25) Hermann Nohl, *Die pädagogische Bewegung in Deutschland und ihre Theorie,* Frankfurt a. M. 1949, S. 15.

26) Nohl, a. a. O., S. 30.

27) M. Landmann, E. Bloch im Gespräch, in *E. Bloch zu ehren,* 1965, S. 368. Hier zitiert nach Richard Faber, in Discher/Faber, a. a. O., S. 357 (Anmerkung 104).

28) ebda., Anm. 103.

29) Habermas, vgl. Anm. 17, S. 49 ff.

30) Karl Polanyi, »Kritik des ökonomistischen Menschenbildes«, in *Technologie und Politik,* Bd. 12, Nr. 1978 (Nachdruck).

31) Polanyi, a. a. O., S. 123.
32) ebda.
33) Helmuth Plessner, *Grenzen der Gemeinschaft. Eine Kritik des sozialen Radikalismus,* Bonn 1924.
34) Vgl. Johano Strasser, *Grenzen des Sozialstaats,* Köln/Frankfurt a. M. 1979.
35) Plessner, a. a. O., S. 84.
36) Rudolf Vierhaus, »Patriotismus« – Begriff und Realität einer moralisch-politischen Haltung«, in *Wolfenbütteler Forschungen,* Bd. 8, München 1980, S. 24/25.

Antagonistische Kooperation.

1) Hans Magnus Enzensberger, »Geheimnisse der deutschen Demokratie«, in *Kursbuch 56,* S. 8.
2) Prof. Dr. Wolfgang Zeidler, »Grundrechte und Grundentscheidungen der Verfassung im Widerstreit«, Festvortrag anläßlich des 53. Deutschen Juristentages 1980 [Manuskript].
3) Carl Schmitt, *Der Begriff des Politischen,* Text von 1932 mit einem Vorwort und drei Corollarien, Berlin 1979, S. 10.
4) Carl Schmitt, *Der Leviathan in der Staatslehre des Thomas Hobbes,* Hamburg 1938, S. 118.
5) so Claus Offe, »Unregierbarkeit. Zur Renaissance konservativer Krisentheorien«, in Jürgen Habermas, *Stichworte zur geistigen Situation der Zeit,* es 1000, Frankfurt a. M. 1979, Bd. 1, S. 304.
6) Zitiert nach Carl Schmitt, 1938, a. a. O., S. 112.
7) Vgl. *Leviathan,* 4/75, S. 548.
8) Ulrich K. Preuss, »Der Staat und die indirekten Gewalten – Steuerungsprobleme der Industriege-

sellschaften«, einleitende Thesen zu dem Colloquium »Naturzustand und Frieden – 300 Jahre nach Thomas Hobbes« [Manuskript].

9) Manfred Rommel, »Die unregierbare Stadt«, *Die Zeit,* 25. 4. 1980.

10) ebda.

11) Offe, a. a. O., S. 309.

12) Franz Jonas, *Das Prinzip Verantwortung,* Frankfurt a. M. 1980, S. 230.

13) Offe, a. a. O., S. 311.

14) Rudolf Hilferding, »Probleme der Zeit«, in *Die Gesellschaft,* Berlin Dietz, 1, 1924.

15) Iring Fetscher, Einleitung zu Thomas Hobbes, *Leviathan,* Reihe Politica, Neuwied/Berlin 1966.

16) Wilhelm Steinmüller, »Informationstechnologien und gesellschaftliche Macht«, in *WSI-Mitteilungen,* 8/1979, S. 426 ff.

17) Enzensberger, a. a. O., S. 14.

18) E. W. Böckenförde, a. a. O., S. 25.

19) Enzensberger, a. a. O., S. 10.

20) *Die Weltwoche* vom 10. 9. 1980.

21) Michael Theunissen, »Freiheit und Gehorsam« [Manuskript].

22) Böckenförde, a. a. O., S. 25.

Tilman Fichter, geb. 1937, Hamburger Seemannsschule, Schiffsjunge. Lehre als Versicherungskaufmann, 1959 bis 1962 bei Londoner Rückversicherung, 1964 Abitur auf dem zweiten Bildungsweg. Studium der Politischen Wissenschaft und Soziologie an der FU Berlin, 1973 Dipl. Pol. Bis Ende 1981 Forschungstätigkeit am Zentralinstitut für sozialwissenschaftliche Forschung der FU Berlin. Mit-

glied des Berliner SDS 1963–1970. Mitarbeit im »Vietnam-Komitee Westberlin« 1972/73. Ständiger Mitarbeiter der Zeitschrift *Langer Marsch* bis zu deren Ende.

Diverse Veröffentlichungen zu

- Geschichte der Universität und der deutschen Studentenschaft
- Nachkriegsgeschichte
- Fragen der Jugendsoziologie.

Quellennachweis

»Die Beweglichkeit des Tankers« ist ein Originalbeitrag, entstanden Ende 1981/Anfang 1982; lediglich der Titel und ein Abschnitt aus Teil 4 stammt aus einem Beitrag für die *Frankfurter Hefte,* Extra 2, März 1980; »Die politische Kultur der neuen Sozialdemokratie« erschien (unter anderem Titel) in den *Berliner Heften* 12/1979; »Über politische Identität« ist die erweiterte Fassung eines Vortrags im Rahmen der Berliner Ausstellung »Bilder vom Menschen in der Kunst des Abendlandes« am 2. 9. 1980, gedruckt in *Merkur* 12/1980; »Antagonistische Kooperation, Der belagerte Staat – 300 Jahre nach Thomas Hobbes« entstand aus dem Einführungsvortrag für ein Colloquium »Naturzustand und Frieden – 300 Jahre nach Thomas Hobbes« der Freien Universität Berlin vom 12. 10. 1980, erstmals gedruckt in *Die Neue Gesellschaft,* 10/1981; »Subjekt und Sozialstaat« erschien erstmals in der (inzwischen eingestellten) Zeitschrift *Bildung und Politik,* 8/9, 1979.

Peter Glotz nimmt Form und Möglichkeiten des Tagebuchs ernst: als persönliche Antithese zur Rhetorik der offiziellen politischen Welt. So filtert er aus Geschehnissen und Auseinandersetzungen des Tages wesentliche Erfahrungen, Beobachtungen und Reflexionen.
In der Rückbesinnung auf Geschichtliches (beispielsweise in Porträts bayerischer Politiker wie Kurt Eisner, Gustav Landauer und Erhard Auer) erwachsen so exemplarische Einsichten für die Sozialdemokratie heute. Oder bei den Auseinandersetzungen mit einer jungen, in aggressiver Distanz zum Staat verharrenden Generation, über Bildungsreform, Hochschule und Terrorismus werden Aufgaben deutlich, die einen neuen politischen Stil verlangen: Dialogstil. Das Buch enthält zum Beispiel eine sensible Analyse jener „Mescalero-Affäre", die 1977, nach dem Mord an Ponto und Schleyer die Bundesrepublik bewegte.
„Die Innenausstattung der Macht" ist ein Buch, wie es in der Bundesrepublik heute ein Glücksfall ist: Hier spricht ein Politiker seine persönliche, private Sprache und macht damit deutlich, um was es ihm in der Politik geht: um eine neue Glaubwürdigkeit.
„Man kann von einer Politik der sogenannten Weißen Jahrgänge sprechen . . . Ihr Kennzeichen: ein Verhältnis zur deutschen Geschichte; die Aufmerksamkeit liegt in der Haltung, eher mißtrauisch gegen Programmreden . . . Die Stimmung dazu gibt das Buch . . . Man muß es lesen."

Alexander Kluge
DER SPIEGEL

Peter Glotz
Die Innenausstattung der Macht
Politisches Tagebuch 1976–1978
320 Seiten

EDITION STEINHAUSEN im C. Bertelsmann Verlag

25 Jahre nach der Unterzeichnung der Römischen Verträge zieht Harald Hotze die Bilanz der Leistungen der Europäischen Gemeinschaft. Sie ist bitter.

Von der Idee eines geeinten Europa ist kaum etwas übriggeblieben. Politisch ist der Kontinent handlungsunfähig. Auf den Rüstungswahn der Supermächte und die daraus resultierende tödliche Gefahr für die Europäer reagiert jedes Mitglied der EG anders.

Seine Wirtschaft befindet sich in einer tiefgreifenden Strukturkrise. Mehr als 10 Millionen Arbeitslose sind das Ergebnis einer konzeptionslosen Politik. Geblieben ist ein gemeinsamer Agrarmarkt, für dessen Absurditäten die Steuerzahler der EG Jahr für Jahr Milliardenbeträge aufbringen müssen: Jedoch profitieren davon die wohlhabendsten Landwirte am meisten und am wenigsten die notleidenden in den unterentwickelten Regionen Europas.

Weil Angebot und Nachfrage nicht den Preis regulieren dürfen, zahlen Europas Verbraucher trotz Überschüsse die höchsten Lebensmittelpreise der Welt. Selbst untereinander blockieren die Länder der EG den freien Handel mit Tricks und Schutzbestimmungen.

Trotz seiner Polemik ist Hotzes brillante Streitschrift zugleich faktenreiche Dokumentation. Hier erfährt der Leser alles, was er über Institutionen, Verfahrensregeln und Kompetenzen in der Europäischen Gemeinschaft wissen muß.

Harald Hotze
Skandal Europa
25 Jahre Europäische Gemeinschaft oder:
Wie sich eine Idee zu Tode subventioniert
300 Seiten mit Register

C. Bertelsmann

sich die Lage zu: Die internationalen Beziehungen verhärten sich, die Arbeitslosigkeit wird zu einem unbewältigten Kardinalproblem der Industriegesellschaften, und viele Menschen werden – von den Zentralen aus gesehen – von einer neuartigen Unberechenbarkeit erfaßt.

In dieser Situation, am Beginn eines Jahrzehnts, in dem viele der patentierten Träume der Menschheit platzen werden, versuche ich, meine Erfahrungen mit der deutschen Sozialdemokratie, meine Befürchtungen und Hoffnungen über die Zukunft dieser sich abplagenden, großen Organisation, auf den Begriff zu bringen. Welches Verhältnis entwickelt diese inzwischen ans Regieren gewöhnte Partei zum modernen Staat, dessen Funktionäre immer häufiger und immer wehleidiger über die Überkomplexität, Unregierbarkeit und Unbeweglichkeit der großen Maschine klagen? Wie soll sie auf die neuen sozialen Bewegungen reagieren, die – in Opposition zu diesem »Staats-Scheißkerl« – um die großen ungelösten Zeitprobleme (Frieden, Ökologie, Gleichstellung der Frau usw.) entstehen und die Partei sozusagen von unten anfressen.

Unsere Gesellschaft, so hat Jürgen Habermas kürzlich diagnostiziert, wird von alten und neuen Konflikten bedroht. Die alten, die Klassenkonflikte, waren in den großen westlichen Industriegesellschaften über Jahre und Jahrzehnte durch Wohlstand ziemlich ruhiggestellt; deswegen war in letzter Zeit immer nur von den neuen die Rede, die sozusagen als Nebenfolge der rasend schnellen Modernisierung im *kulturellen* System, im Kopf, in der Psyche der Men-

Vorwort

1.

Es sind nur Indizien. Der Kieler Oppositionsführer wird in einer Versammlung, in der er über die Beschäftigung ausländischer Arbeiter sprechen will, zuerst als »Moralprediger« beschimpft und dann niedergeschrien. Eine Diskussion über die Parteienfinanzierung, bei der die Parteien allerdings auch unangemessene Ansprüche erheben, offenbart das tiefe Mißtrauen fast der gesamten Publizistik gegen diese bislang so unangefochtenen Apparate der Macht. Als zwei kleine, selten hervortretende kirchliche Organisationen zu einer Friedensdemonstration aufrufen, in Bonn am 10. Oktober 1981, kommen Hunderttausende; als der Gewerkschaftsbund und die Parteien Solidaritätskundgebungen mit der internierten polnischen Opposition veranstalten, sind die Säle nur spärlich gefüllt; auf Straßen und Plätzen hat man es gar nicht erst versucht. Rund 50 Prozent der Wahlbevölkerung sehen »gar keinen Unterschied« darin, wer von den etablierten Parteien in Bonn regiert. 20 Prozent können sich vorstellen, bei irgendeiner Wahl einmal den »Grünen« die Stimme zu geben.

Momentaufnahmen aus den letzten Monaten, nichts weiter. Aber der deutsche Konsens bröckelt; die Massenorganisationen, die schwer beweglichen »Tanker« verlieren an Vertrauen. Gleichzeitig spitzt

Inhalt